中国畜牧业统计

ZHONGGUO XUMUYE TONGJI

2016

农业部畜牧业司
全国畜牧总站 编

中国农业出版社

图书在版编目（CIP）数据

中国畜牧业统计．2016 / 农业部畜牧业司，全国畜牧总站编．—北京：中国农业出版社，2017.12
ISBN 978-7-109-23576-2

Ⅰ.①中…　Ⅱ.①农…　②全…　Ⅲ.①畜牧业—统计资料—中国—2016　Ⅳ.①F326.3-66

中国版本图书馆 CIP 数据核字（2017）第 287750 号

中国农业出版社出版
（北京市朝阳区麦子店街 18 号楼）
（邮政编码 100125）
责任编辑　汪子涵

中国农业出版社印刷厂印刷　　新华书店北京发行所发行
2017 年 12 月第 1 版　　2017 年 12 月北京第 1 次印刷

开本：720mm×960mm　1/16　　印张：11.75　　插页：2
字数：218 千字
定价：100.00 元

编委会

编　者　说　明

一、《中国畜牧业统计 2016》是一本反映我国畜牧业生产情况的统计资料工具书。本书内容包括 7 个部分。第一部分为畜牧业发展综述。第二部分为综合，第三部分为畜牧生产统计，两部分数据皆来源于国家统计局。第四部分为畜牧专业统计，数据由各省（自治区、直辖市）畜牧部门提供。第五部分为畜产品及饲料集市价格，数据来自全国 500 个集贸市场调查点，全国均价是各定点集贸市场的平均价。第六部分为畜产品进出口统计，数据来源于海关总署。第七部分为 2014 年世界畜产品生产情况，数据来源于联合国粮食及农业组织（FAO）统计数据。

二、本书所涉及的全国性统计指标未包括香港特别行政区、澳门特别行政区和台湾省数据。本书第六部分和第七部分的中国数据未包括香港特别行政区、澳门特别行政区和中国台湾省。

三、本书部分数据合计数或相对数由于单位取舍不同而产生的计算误差均未作机械调整。

四、有关符号的说明：“空格”表示数据不详或无该项指标，“#”表示分项之和不等于总项。

目　　录

一、畜牧业发展综述

二、综合

三、畜牧生产统计

四、畜牧专业统计

五、畜产品及饲料集市价格

六、畜产品进出口统计

七、2014 年世界畜产品生产情况

一、畜牧业发展综述

2016 年畜牧业发展概况

2016 年，畜牧业供给侧结构性改革有序推进，畜牧业生产顺应市场进行积极的适应性调整，粮改饲、畜禽养殖废弃物资源化利用等政策深入实施，奶业振兴和草原政策成效显现，以稳生猪、促牛羊、兴奶业为重点的畜牧业结构调整迈出坚实步伐，现代畜牧业建设取得了明显进展。

一、畜产品有效供给能力提升

2016 年全年肉类总产量 8 537.8 万吨，同比下降 1.0%。其中，猪肉产量 5 299.1 万吨，同比下降 3.4%；牛肉产量 716.8 万吨，同比增长 2.4%；羊肉产量 459.4 万吨，同比增长 4.2%；禽肉产量 1 888.2 万吨，同比增长 3.4%。禽蛋产量 3 094.9 万吨，同比增长 3.2%；牛奶产量 3 602.2 万吨，同比下降 4.1%。全国商品饲料总产量约 2.1 亿吨，同比增长 4.5%。市场有效供给保障水平提升，畜产品生产总体呈现稳中有进、稳中向优的良好态势。

二、养殖效益总体较好

饲养成本下降给养殖业带来了利好，主要畜禽养殖均有盈利，总体效益较好。2016 年，出栏 1 头商品肥猪可获利约 400 元，同比增加 290 元左右；每只产蛋鸡全年累计收益 12.3 元，同比下降 5.6%；平均出栏 1 只肉鸡获利 1.69 元，同比增长 21.5%；出栏 1 头 450 千克的肉牛平均盈利 1 900 元，同比增长 22.6%；出栏 1 只 45 千克绵羊盈利 140 元，同比下降 26.1%；出栏 1 只 30 千克山羊盈利 280 元，同比下降 16.9%。奶牛养殖受进口冲击等因素影响，效益较差，但总体仍然盈利，1 头年产 6 吨的奶牛年收益约为 1 080 元，同比增长 2.9%。

三、区域布局持续调整优化

2016 年，畜牧业生产区域布局继续优化调整，出现了“生猪养殖北上”和“蛋鸡养殖南下”的新趋势。南方水网地区生猪饲养密度逐渐降低，大型养猪企业在东北、西北等潜力发展区积极布局。据统计，水网地区 133 个主产县禁养区内关闭或搬迁养殖场 2.5 万个，减少生猪存栏 282 万头。随着环境控制技术的发展，蛋鸡生产由河北等传统主产区向安徽、四川、湖南、湖北等南方地区转移，以往从北方长距离调运鸡蛋的窘境正在逐步改善。

四、生产方式加快转变

2016 年，规模养殖快速发展，产业集中度稳步提升。畜禽规模养殖比例达到 56%左右，比 2015 年提高 2 个百分点以上。乳品企业 20 强（D20）市场占有量超过 50%。饲料行业集中度进一步提高，年产 100 万吨以上饲料企业 34 家，年产 50 万吨以上企业 51 家，产量分别占全国总产量 57%和 63%。规模化、集约化，科学饲养水平和技术装备水平不断提升。

五、畜产品质量安全保持较好水平

随着生产方式转变和执法监管力度持续加大，畜产品质量安全水平达到了一个历史新高度。2016 年，畜产品抽检合格率在 99%以上，饲料抽检合格率在 96%以上，“瘦肉精”抽检合格率 99.9%。生鲜乳违禁添加物抽检合格率连续 8 年保持在 100%水平，营养和卫生指标如乳蛋白、乳脂率、菌落数和体细胞数达到国际发达国家水平。

六、草原生态进一步恢复

2016 年，除了内蒙古东部地区出现旱情，全国大部分草原水热匹配较好，草原植被生长情况好于常年。全国天然草原鲜草总产量约 10.4 亿吨，同比增长 1.0%，连续 6 年超过 10 亿吨。草原综合植被盖度达 54.6%，同比提高 0.6%。总体来看，全国草原生态环境持续恶化的势头得到了初步遏制，草原生态总体向好。

二、综　　合

2-1 全国农林牧渔业总产值及比重

（按当年价格计算）

单位：亿元

年份	农林牧渔业总产值	农业	比重(%)	林业	比重(%)	牧业	比重(%)	渔业	比重(%)
1952	461.0	396.0	85.9	7.3	1.6	51.7	11.2	6.1	1.3
1957	537.0	443.9	82.7	17.5	3.3	65.4	12.2	10.2	1.9
1962	584.0	494.7	84.7	13.0	2.2	63.8	10.9	12.6	2.2
1965	833.0	684.3	82.2	22.3	2.7	111.5	13.4	14.8	1.8
1970	1 021.0	838.4	82.1	28.6	2.8	136.6	13.4	17.4	1.7
1975	1 260.0	1 020.5	81.0	39.2	3.1	178.4	14.2	21.9	1.7
1978	1 397.0	1 117.6	80.0	48.1	3.4	209.3	15.0	22.1	1.6
1980	1 922.6	1 454.1	75.6	81.4	4.2	354.2	18.4	32.9	1.7
1985	3 619.5	2 506.4	69.2	188.7	5.2	798.3	22.1	126.1	3.5
1990	7 662.1	4 954.3	64.7	330.3	4.3	1 967.0	25.7	410.6	5.4
1991	8 157.0	5 146.4	63.1	367.9	4.5	2 159.2	26.5	483.5	5.9
1992	9 084.7	5 588.0	61.5	422.6	4.7	2 460.5	27.1	613.5	6.8
1993	10 995.5	6 605.1	60.1	494.0	4.5	3 014.4	27.4	882.0	8.0
1994	15 750.5	9 169.2	58.2	611.1	3.9	4 672.0	29.7	1 298.2	8.2
1995	20 340.9	11 884.6	58.4	709.9	3.5	6 045.0	29.7	1 701.3	8.4
1996	22 353.7	13 539.8	60.6	778.0	3.5	6 015.5	26.9	2 020.4	9.0
1997	23 788.4	13 852.5	58.2	817.8	3.4	6 835.4	28.7	2 282.7	9.6
1998	24 541.9	14 241.9	58.0	851.3	3.5	7 025.8	28.6	2 422.9	9.9
1999	24 519.1	14 106.2	57.5	886.3	3.6	6 997.6	28.5	2 529.0	10.3
2000	24 915.8	13 873.6	55.7	936.5	3.8	7 393.1	29.7	2 712.6	10.9
2001	26 179.6	14 462.8	55.2	938.8	3.6	7 963.1	30.4	2 815.0	10.8
2002	27 390.8	14 931.5	54.5	1 033.5	3.8	8 454.6	30.9	2 971.1	10.8
2003	29 691.8	14 870.1	50.1	1 239.9	4.2	9 538.8	32.1	3 137.6	10.6
2004	36 239.0	18 138.4	50.1	1 327.1	3.7	12 173.8	33.6	3 605.6	9.9
2005	39 450.9	19 613.4	49.7	1 425.5	3.6	13 310.8	33.7	4 016.1	10.2
2006	40 810.8	21 522.3	52.7	1 610.8	3.9	12 083.9	29.6	3 970.5	9.7
2007	48 893.0	24 658.2	50.4	1 861.6	3.8	16 124.9	33.0	4 457.5	9.1
2008	58 002.2	28 044.2	48.4	2 152.9	3.7	20 583.6	35.5	5 203.4	9.0
2009	60 361.0	30 777.5	51.0	2 193.0	3.6	19 468.4	22.8	5 626.4	9.3
2010	69 319.8	36 941.1	53.3	2 595.5	3.7	20 825.7	30.0	6 422.4	9.3
2011	81 303.9	41 988.6	51.6	3 120.7	3.8	25 770.7	31.7	7 568.0	9.3
2012	89 453.0	46 940.5	52.5	3 447.1	3.9	27 189.4	30.4	8 706.0	9.7
2013	96 995.3	51 497.4	53.1	3 902.4	4.0	28 435.5	29.3	9 634.6	9.9
2014	102 226.1	54 771.5	53.6	4 256.0	4.2	28 956.3	28.3	10 334.3	10.1
2015	107 056.4	57 635.8	53.8	4 436.4	4.1	29 780.4	27.8	10 880.6	10.2
2016	112 091.3	59 287.8	52.9	4 631.6	4.1	31 703.2	28.3	11 602.9	10.4

注：1. 2009 年产值按照新的《统计用产品分类目录》对数据进行了调整（后同）。

2. 2006 年比重为根据农普调整的数据。

2－2 农林牧渔业总产值、增加值、中间消耗及构成

（按当年价格计算）

指　标	总产值	增加值	中间消耗
绝对数（亿元）			
农林牧渔业合计	**112 091.3**	**65 967.9**	**46 123.4**
农业#	59 287.8	38 152.4	21 135.4
林业#	4 631.6	3 025.3	1 606.2
牧业#	31 703.2	15 492.0	16 211.1
渔业#	11 602.9	6 995.6	4 607.3
构成（%）			
农林牧渔业合计	**100.0**	**100.0**	**100.0**
农业#	52.9	57.8	45.8
林业#	4.1	4.6	3.5
牧业#	28.3	23.5	35.1
渔业#	10.4	10.6	10.0

2-3　各地区农林牧渔业总产值、增加值和中间消耗

（按当年价格计算）

单位：亿元

地　区	农林牧渔业			农　业		
	总产值	增加值	中间消耗	总产值	增加值	中间消耗
全国总计	**112 091.3**	**65 967.9**	**46 123.4**	**59 287.8**	**38 152.4**	**21 135.4**
北　京	338.1	132.0	206.1	145.2	66.0	79.2
天　津	494.4	222.0	272.4	244.3	121.0	123.3
河　北	6 083.9	3 644.8	2 439.0	3 459.4	2 359.8	1 099.6
山　西	1 534.0	827.3	706.7	958.1	545.0	413.1
内蒙古	2 794.2	1 663.9	1 130.3	1 415.1	923.1	492.0
辽　宁	4 421.8	2 296.6	2 125.2	1 859.5	1 051.0	808.6
吉　林	2 724.9	1 549.3	1 175.6	1 232.0	812.6	419.4
黑龙江	5 197.8	2 731.7	2 466.1	2 873.9	1 823.6	1 050.3
上　海	285.1	113.5	171.6	148.5	63.2	85.4
江　苏	7 235.1	4 323.5	2 911.5	3 714.6	2 569.4	1 145.3
浙　江	3 146.1	2 000.2	1 145.8	1 521.2	1 094.5	426.7
安　徽	4 655.5	2 693.2	1 962.3	2 234.1	1 361.3	872.8
福　建	4 155.7	2 444.8	1 710.9	1 782.0	1 119.6	662.4
江　西	3 130.3	1 962.4	1 167.9	1 446.9	933.8	513.1
山　东	9 325.9	5 171.1	4 154.8	4 641.3	2 834.9	1 806.5
河　南	7 799.7	4 440.0	3 359.7	4 577.2	2 693.5	1 883.6
湖　北	6 278.4	3 780.8	2 497.6	2 921.3	1 942.2	979.0
湖　南	6 081.9	3 725.9	2 356.0	3 255.1	2 276.6	978.5
广　东	6 078.4	3 781.8	2 296.6	3 134.4	2 189.7	944.8
广　西	4 591.4	2 873.5	1 717.9	2 347.9	1 617.6	730.3
海　南	1 470.4	977.6	492.8	695.6	462.6	233.0
重　庆	1 968.3	1 324.7	643.6	1 151.8	862.3	289.5
四　川	6 831.1	4 005.4	2 825.7	3 711.0	2 390.7	1 320.3
贵　州	3 097.2	1 944.3	1 152.9	1 888.6	1 189.0	699.7
云　南	3 633.1	2 242.2	1 390.9	1 943.6	1 305.6	638.0
西　藏	173.0	118.7	54.3	52.2	25.8	26.5
陕　西	2 985.8	1 776.3	1 209.5	2 027.6	1 251.6	776.0
甘　肃	1 778.0	1 027.7	750.3	1 274.7	764.4	510.3
青　海	338.8	224.7	114.1	155.5	91.8	63.8
宁　夏	493.6	256.3	237.3	311.9	175.9	136.0
新　疆	2 969.7	1 691.8	1 277.9	2 163.1	1 234.6	928.5

2－3　续表

单位：亿元

地区	林业			牧业			渔业		
	总产值	增加值	中间消耗	总产值	增加值	中间消耗	总产值	增加值	中间消耗
全国总计	**4 631.6**	**3 025.3**	**1 606.2**	**31 703.2**	**15 492.0**	**16 211.1**	**11 602.9**	**6 995.6**	**4 607.3**
北　京	52.2	25.0	27.2	122.7	35.4	87.3	9.2	3.3	6.0
天　津	8.4	5.0	3.4	140.9	54.0	86.8	89.0	40.2	48.8
河　北	132.3	93.1	39.2	1 939.2	915.2	1 024.0	211.0	124.7	86.3
山　西	100.3	43.2	57.1	376.2	191.2	185.0	9.9	5.4	4.5
内蒙古	98.6	68.0	30.7	1 202.9	624.4	578.5	33.0	21.9	11.1
辽　宁	143.7	80.3	63.4	1 575.7	640.6	935.2	639.6	401.1	238.5
吉　林	107.2	65.4	41.8	1 252.8	594.1	658.7	43.0	26.4	16.6
黑龙江	219.9	100.8	119.0	1 854.8	697.6	1 157.2	129.2	48.4	80.8
上　海	13.2	4.3	8.9	62.6	21.4	41.2	50.2	20.6	29.5
江　苏	129.3	72.7	56.6	1 331.5	543.6	788.0	1 621.9	891.5	730.4
浙　江	158.1	114.2	44.0	434.3	193.8	240.6	962.0	562.8	399.2
安　徽	291.1	201.2	89.9	1 375.7	667.3	708.4	513.2	337.9	175.3
福　建	315.1	201.9	113.2	681.7	355.2	326.5	1 235.5	686.6	548.9
江　西	324.6	233.9	90.7	788.6	422.8	365.8	458.9	314.0	144.9
山　东	147.5	103.7	43.7	2 540.8	1 061.9	1 478.9	1 485.6	928.7	556.9
河　南	121.3	79.1	42.2	2 611.3	1 427.9	1 183.4	128.3	85.7	42.6
湖　北	203.4	102.3	101.1	1 715.2	1 005.3	709.9	1 030.0	609.4	420.6
湖　南	321.6	237.8	83.8	1 762.7	805.4	957.3	396.7	258.6	138.0
广　东	314.7	234.5	80.2	1 221.8	554.8	666.9	1 195.6	715.4	480.3
广　西	323.5	242.2	81.3	1 266.4	622.6	643.8	464.2	314.5	149.8
海　南	100.0	65.3	34.7	267.1	158.5	108.6	353.8	261.9	91.9
重　庆	73.4	53.6	19.8	627.4	320.7	306.8	85.3	66.6	18.7
四　川	219.1	145.0	74.1	2 551.7	1 258.7	1 293.0	223.9	134.9	89.0
贵　州	195.0	133.3	61.7	797.2	480.1	317.1	68.7	43.8	24.9
云　南	330.4	217.0	113.4	1 141.8	616.2	525.6	94.2	56.2	38.0
西　藏	2.4	1.4	1.0	113.8	88.4	25.4	0.2	0.2	0.1
陕　西	85.5	51.9	33.6	695.9	375.6	320.3	26.2	14.8	11.5
甘　肃	30.8	14.2	16.6	299.7	203.1	96.6	2.2	1.6	0.6
青　海	8.3	5.0	3.3	165.7	121.9	43.9	3.3	2.6	0.7
宁　夏	10.1	3.6	6.6	131.7	55.7	76.1	17.0	6.5	10.5
新　疆	50.3	26.1	24.1	653.2	378.7	274.5	22.2	9.5	12.6

2-4 各地区分部门农林牧渔业总产值构成

（按当年价格计算）

单位：%

地　区	合计	农业#	林业#	牧业#	渔业#
全国总计	**100.0**	**52.9**	**4.1**	**28.3**	**10.4**
北　京	100.0	43.0	15.4	36.3	2.7
天　津	100.0	49.4	1.7	28.5	18.0
河　北	100.0	56.9	2.2	31.9	3.5
山　西	100.0	62.5	6.5	24.5	0.6
内蒙古	100.0	50.6	3.5	43.0	1.2
辽　宁	100.0	42.1	3.3	35.6	14.5
吉　林	100.0	45.2	3.9	46.0	1.6
黑龙江	100.0	55.3	4.2	35.7	2.5
上　海	100.0	52.1	4.6	22.0	17.6
江　苏	100.0	51.3	1.8	18.4	22.4
浙　江	100.0	48.4	5.0	13.8	30.6
安　徽	100.0	48.0	6.3	29.5	11.0
福　建	100.0	42.9	7.6	16.4	29.7
江　西	100.0	46.2	10.4	25.2	14.7
山　东	100.0	49.8	1.6	27.2	15.9
河　南	100.0	58.7	1.6	33.5	1.6
湖　北	100.0	46.5	3.2	27.3	16.4
湖　南	100.0	53.5	5.3	29.0	6.5
广　东	100.0	51.6	5.2	20.1	19.7
广　西	100.0	51.1	7.0	27.6	10.1
海　南	100.0	47.3	6.8	18.2	24.1
重　庆	100.0	58.5	3.7	31.9	4.3
四　川	100.0	54.3	3.2	37.4	3.3
贵　州	100.0	61.0	6.3	25.7	2.2
云　南	100.0	53.5	9.1	31.4	2.6
西　藏	100.0	30.2	1.4	65.8	0.1
陕　西	100.0	67.9	2.9	23.3	0.9
甘　肃	100.0	71.7	1.7	16.9	0.1
青　海	100.0	45.9	2.4	48.9	1.0
宁　夏	100.0	63.2	2.0	26.7	3.4
新　疆	100.0	72.8	1.7	22.0	0.7

2-5　各地区分部门农林牧渔业增加值构成

（按当年价格计算）

单位：%

地　区	合计	农业#	林业#	牧业#	渔业#
全国总计	**100.0**	**57.8**	**4.6**	**23.5**	**10.6**
北　京	100.0	50.0	18.9	26.8	2.5
天　津	100.0	54.5	2.2	24.3	18.1
河　北	100.0	64.7	2.6	25.1	3.4
山　西	100.0	65.9	5.2	23.1	0.7
内蒙古	100.0	55.5	4.1	37.5	1.3
辽　宁	100.0	45.8	3.5	27.9	17.5
吉　林	100.0	52.5	4.2	38.3	1.7
黑龙江	100.0	66.8	3.7	25.5	1.8
上　海	100.0	55.7	3.8	18.8	18.2
江　苏	100.0	59.4	1.7	12.6	20.6
浙　江	100.0	54.7	5.7	9.7	28.1
安　徽	100.0	50.5	7.5	24.8	12.5
福　建	100.0	45.8	8.3	14.5	28.1
江　西	100.0	47.6	11.9	21.5	16.0
山　东	100.0	54.8	2.0	20.5	18.0
河　南	100.0	60.7	1.8	32.2	1.9
湖　北	100.0	51.4	2.7	26.6	16.1
湖　南	100.0	61.1	6.4	21.6	6.9
广　东	100.0	57.9	6.2	14.7	18.9
广　西	100.0	56.3	8.4	21.7	10.9
海　南	100.0	47.3	6.7	16.2	26.8
重　庆	100.0	65.1	4.0	24.2	5.0
四　川	100.0	59.7	3.6	31.4	3.4
贵　州	100.0	61.2	6.9	24.7	2.3
云　南	100.0	58.2	9.7	27.5	2.5
西　藏	100.0	21.7	1.2	74.5	0.1
陕　西	100.0	70.5	2.9	21.1	0.8
甘　肃	100.0	74.4	1.4	19.8	0.2
青　海	100.0	40.8	2.2	54.2	1.1
宁　夏	100.0	68.6	1.4	21.7	2.5
新　疆	100.0	73.0	1.5	22.4	0.6

2-6 各地区分部门农林牧渔业增加值率

（以该部门总产值为100）

单位：%

地 区	农林牧渔业	农业	林业	牧业	渔业
全国总计	**58.9**	**64.4**	**65.3**	**48.9**	**60.3**
北 京	39.0	45.4	47.8	28.8	35.4
天 津	44.9	49.5	59.3	38.4	45.2
河 北	59.9	68.2	70.4	47.2	59.1
山 西	53.9	56.9	43.0	50.8	54.9
内 蒙 古	59.5	65.2	68.9	51.9	66.4
辽 宁	51.9	56.5	55.9	40.7	62.7
吉 林	56.9	66.0	61.0	47.4	61.3
黑 龙 江	52.6	63.5	45.9	37.6	37.5
上 海	39.8	42.5	32.7	34.1	41.1
江 苏	59.8	69.2	56.2	40.8	55.0
浙 江	63.6	71.9	72.2	44.6	58.5
安 徽	57.8	60.9	69.1	48.5	65.8
福 建	58.8	62.8	64.1	52.1	55.6
江 西	62.7	64.5	72.1	53.6	68.4
山 东	55.4	61.1	70.3	41.8	62.5
河 南	56.9	58.8	65.2	54.7	66.8
湖 北	60.2	66.5	50.3	58.6	59.2
湖 南	61.3	69.9	74.0	45.7	65.2
广 东	62.2	69.9	74.5	45.4	59.8
广 西	62.6	68.9	74.9	49.2	67.7
海 南	66.5	66.5	65.3	59.3	74.0
重 庆	67.3	74.9	73.0	51.1	78.1
四 川	58.6	64.4	66.2	49.3	60.3
贵 州	62.8	63.0	68.4	60.2	63.7
云 南	61.7	67.2	65.7	54.0	59.7
西 藏	68.6	49.3	58.6	77.7	69.0
陕 西	59.5	61.7	60.7	54.0	56.2
甘 肃	57.8	60.0	46.2	67.8	73.0
青 海	66.3	59.0	60.7	73.5	78.8
宁 夏	51.9	56.4	35.1	42.3	38.4
新 疆	57.0	57.1	52.0	58.0	43.0

2－7　各地区分部门农林牧渔业中间消耗构成

（按当年价格计算）

单位：%

地　区	合计	农业	林业	牧业	渔业	农林牧渔服务业
全国总计	**100.0**	**45.8**	**3.5**	**35.1**	**10.0**	**5.6**
北　京	100.0	38.4	13.2	42.4	2.9	3.1
天　津	100.0	45.3	1.2	31.9	17.9	3.7
河　北	100.0	45.1	1.6	42.0	3.5	7.8
山　西	100.0	58.5	8.1	26.2	0.6	6.6
内蒙古	100.0	43.5	2.7	51.2	1.0	1.6
辽　宁	100.0	38.0	3.0	44.0	11.2	3.7
吉　林	100.0	35.7	3.6	56.0	1.4	3.3
黑龙江	100.0	42.6	4.8	46.9	3.3	2.4
上　海	100.0	49.7	5.2	24.0	17.2	3.8
江　苏	100.0	39.3	1.9	27.1	25.1	6.6
浙　江	100.0	37.2	3.8	21.0	34.8	3.1
安　徽	100.0	44.5	4.6	36.1	8.9	5.9
福　建	100.0	38.7	6.6	19.1	32.1	3.5
江　西	100.0	43.9	7.8	31.3	12.4	4.6
山　东	100.0	43.5	1.1	35.6	13.4	6.5
河　南	100.0	56.1	1.3	35.2	1.3	6.2
湖　北	100.0	39.2	4.0	28.4	16.8	11.5
湖　南	100.0	41.5	3.6	40.6	5.9	8.4
广　东	100.0	41.1	3.5	29.0	20.9	5.4
广　西	100.0	42.5	4.7	37.5	8.7	6.6
海　南	100.0	47.3	7.0	22.0	18.6	5.0
重　庆	100.0	45.0	3.1	47.7	2.9	1.4
四　川	100.0	46.7	2.6	45.8	3.1	1.7
贵　州	100.0	60.7	5.4	27.5	2.2	4.3
云　南	100.0	45.9	8.2	37.8	2.7	5.5
西　藏	100.0	48.7	1.8	46.8	0.1	2.5
陕　西	100.0	64.2	2.8	26.5	0.9	5.6
甘　肃	100.0	68.0	2.2	12.9	0.1	16.8
青　海	100.0	55.9	2.9	38.4	0.6	2.2
宁　夏	100.0	57.3	2.8	32.0	4.4	3.5
新　疆	100.0	72.7	1.9	21.5	1.0	3.0

2-8 各地区畜牧业分项产值

（按当年价格计算）

单位：亿元

地区	牧业产值	牲畜饲养			
			牛#	羊#	奶产品#
全国总计	**31 703.2**	**8 105.1**	**3 826.0**	**2 131.8**	**1 481.2**
北京	122.7	31.9	9.2	5.7	16.2
天津	140.9	45.8	17.5	5.5	22.6
河北	1 939.2	589.4	254.7	180.7	140.1
山西	376.2	135.8	43.4	48.7	35.1
内蒙古	1 202.9	918.5	218.0	372.3	269.4
辽宁	1 575.7	553.3	257.3	48.2	50.5
吉林	1 252.8	442.5	367.9	38.8	17.1
黑龙江	1 854.8	849.9	302.8	168.7	263.0
上海	62.6	15.1	0.6	3.2	11.3
江苏	1 331.5	97.0	12.7	55.4	22.5
浙江	434.3	26.6	4.3	11.0	8.1
安徽	1 375.7	198.7	101.4	83.0	11.9
福建	681.7	63.3	27.7	22.5	13.1
江西	788.6	67.0	44.5	8.1	9.0
山东	2 540.8	495.2	235.2	140.2	112.9
河南	2 611.3	857.3	548.4	111.6	118.5
湖北	1 715.2	309.4	219.6	76.1	12.5
湖南	1 762.7	113.7	69.8	39.2	4.5
广东	1 221.8	42.0	26.1	4.3	11.6
广西	1 266.4	92.6	82.0	10.6	4.3
海南	267.1	37.4	30.3	6.9	0.2
重庆	627.4	57.1	38.6	15.3	2.7
四川	2 551.7	341.4	168.9	141.3	26.7
贵州	797.2	210.3	155.0	51.2	3.7
云南	1 141.8	271.4	178.3	66.7	19.6
西藏	113.8	75.4	47.0	14.2	10.9
陕西	695.9	260.1	60.6	79.6	104.5
甘肃	299.7	178.4	76.7	69.0	24.3
青海	165.7	140.1	49.5	55.0	25.7
宁夏	131.7	103.3	34.8	28.8	37.1
新疆	653.2	485.3	143.3	170.0	71.4

2-8 续表

单位：亿元

地 区	猪的饲养	家禽饲养			狩猎和捕猎动物	其他畜牧业
			肉禽#	禽蛋#		
全国总计	**14 368.5**	**7 619.1**	**4 478.3**	**3 008.3**	**63.4**	**1 542.1**
北 京	54.3	33.9	12.8	21.1	0.0	2.6
天 津	70.6	24.0	5.7	18.3	0.0	0.4
河 北	686.6	461.3	133.0	328.3	0.0	201.9
山 西	141.5	93.0	26.1	66.8	0.0	5.9
内 蒙 古	177.5	103.5	47.7	55.8	0.0	3.5
辽 宁	519.2	497.6	320.7	176.9	0.6	5.0
吉 林	453.4	339.9	220.2	119.6	0.0	17.0
黑 龙 江	524.6	319.2	200.0	119.2	0.0	161.1
上 海	36.5	10.6	4.8	3.4	0.0	0.5
江 苏	593.1	480.3	266.4	210.9	1.6	159.5
浙 江	293.7	72.9	44.2	28.6	2.4	38.8
安 徽	736.5	372.1	220.9	151.3	5.2	62.6
福 建	351.5	236.2	210.1	26.1	3.7	27.0
江 西	411.0	285.9	206.5	79.4	3.0	21.7
山 东	1 016.4	795.1	360.2	434.9	1.9	232.2
河 南	1 242.6	447.6	142.1	302.7	2.3	61.6
湖 北	1 050.5	347.3	126.6	96.4	0.2	7.8
湖 南	1 206.1	361.8	173.5	188.3	8.1	73.0
广 东	690.9	389.5	351.6	37.9	3.9	95.4
广 西	663.6	349.7	332.2	17.5	0.0	156.1
海 南	133.0	91.1	84.0	7.1	1.1	4.5
重 庆	339.8	200.3	146.8	53.6	0.0	30.2
四 川	1 262.9	837.0	542.6	294.5	0.0	110.4
贵 州	463.7	121.0	96.9	24.2	0.1	2.0
云 南	695.0	153.5	127.5	26.0	0.0	21.9
西 藏	37.2	1.3	0.8	0.4	0.0	0.0
陕 西	300.6	105.4	35.2	70.3	0.3	29.5
甘 肃	100.7	18.4	8.1	10.3	0.0	2.2
青 海	20.1	4.9	2.5	2.4	0.1	0.5
宁 夏	16.8	10.6	4.0	6.6	0.0	1.0
新 疆	78.7	54.2	24.8	29.4	28.8	6.2

2-9 全国饲养业产品成本与收益

项 目	单位	生猪平均		规模养猪平均		农户散养生猪	
		2016 年	2015 年	2016 年	2015 年	2016 年	2015 年
每头（百只）							
主产品产量	千克	118.79	116.92	119.26	117.70	118.31	116.13
产值合计	元	2 219.11	1 824.69	2 223.68	1 822.19	2 214.54	1 827.19
主产品产值	元	2 204.27	1 809.93	2 210.58	1 809.22	2 197.96	1 810.64
副产品产值	元	14.84	14.76	13.10	12.97	16.58	16.55
总成本	元	1 930.41	1 720.35	1 809.99	1 605.15	2 050.61	1 835.35
生产成本	元	1 929.05	1 718.84	1 807.39	1 602.35	2 050.49	1 835.14
物质与服务费用	元	1 586.18	1 376.13	1 627.98	1 427.84	1 544.26	1 324.32
人工成本	元	342.87	342.71	179.41	174.51	506.23	510.82
家庭用工折价	元	316.65	317.85	126.98	124.80	506.23	510.82
雇工费用	元	26.22	24.86	52.43	49.71	0.00	0.00
土地成本	元	1.36	1.51	2.60	2.80	0.12	0.21
净利润	元	288.70	104.34	413.69	217.04	163.93	−8.16
成本利润率	%	14.96	6.07	22.86	13.52	7.99	−0.44
每 50 千克主产品							
平均出售价格	元	927.80	774.00	926.79	768.57	928.90	779.57
总成本	元	807.09	729.74	754.37	677.03	860.14	783.05
生产成本	元	806.53	729.10	753.29	675.85	860.09	782.96
净利润	元	120.71	44.26	172.42	91.54	68.76	−3.48
附：							
每核算单位用工数量	日	4.18	4.36	2.13	2.16	6.22	6.55
平均饲养天数	日	154.43	152.29	147.27	145.30	161.59	159.27

2-9 续表1

项 目	单位	奶牛平均		规模奶牛平均		农户散养奶牛	
		2016年	2015年	2016年	2015年	2016年	2015年
每头（百只）							
主产品产量	千克	5 722.76	5 612.41	6 253.60	6 091.00	5 191.91	5 133.81
产值合计	元	23 784.94	23 559.63	26 544.74	25 781.53	21 025.12	21 337.73
主产品产值	元	21 532.81	21 355.52	24 072.74	23 387.43	18 992.87	19 323.61
副产品产值	元	2252.13	2 204.11	2 472.00	2 394.10	2 032.25	2 014.12
总成本	元	18 543.77	18 445.62	20 717.34	20 559.86	16 369.50	16 331.15
生产成本	元	18 489.77	18 393.18	20 647.68	20 493.52	16 331.17	16 292.62
物质与服务费用	元	14 982.47	15 044.74	17 510.26	17 492.15	12 454.58	12 597.27
人工成本	元	3 507.30	3 348.44	3 137.42	3 001.37	3 876.59	3 695.35
家庭用工折价	元	2 412.70	2 256.15	994.71	882.96	3 830.11	3 629.18
雇工费用	元	1 094.60	1 092.29	2 142.71	2 118.41	46.48	66.17
土地成本	元	54.00	52.44	69.66	66.34	38.33	38.53
净利润	元	5 241.17	5 114.01	5 827.40	5 221.67	4 655.62	5 006.58
成本利润率	%	28.26	27.72	28.13	25.40	28.44	30.66
每50千克主产品							
平均出售价格	元	188.13	190.25	192.47	191.98	182.91	188.20
总成本	元	146.67	148.95	150.22	153.10	142.41	144.04
生产成本	元	146.25	148.53	149.71	152.60	142.07	143.70
净利润	元	41.46	41.30	42.25	38.88	40.50	44.16
附：							
每核算单位用工数量	日	39.94	39.82	32.32	32.44	47.54	47.20
平均饲养天数	日	365.00	365.00	365.00	365.00	365.00	365.00

2－9 续表 2

项 目	单位	规模养殖蛋鸡平均		规模养殖肉鸡平均	
		2016 年	2015 年	2016 年	2015 年
每头(百只)					
主产品产量	千克	1 762.28	1 749.24	235.15	230.91
产值合计	元	14 919.79	15 960.03	2 658.18	2 671.64
主产品产值	元	12 878.05	13 863.66	2 629.75	2 642.43
副产品产值	元	2 041.74	2 096.37	28.43	29.21
总成本	元	14 545.49	15 129.47	2 505.01	2 589.52
生产成本	元	14 523.64	15 109.53	2 499.64	2 583.36
物质与服务费用	元	13 237.11	13 875.48	2 219.47	2 318.73
人工成本	元	1 286.53	1 234.05	280.17	264.63
家庭用工折价	元	914.12	876.95	237.69	214.27
雇工费用	元	372.41	357.10	42.48	50.36
土地成本	元	21.85	19.94	5.37	6.16
净利润	元	374.30	830.56	153.17	82.12
成本利润率	%	2.57	5.49	6.11	3.17
每 50 千克主产品					
平均出售价格	元	365.38	396.28	559.16	572.18
总成本	元	356.21	375.66	526.94	554.59
生产成本	元	355.68	375.16	525.81	553.27
净利润	元	9.17	20.62	32.22	17.59
附：					
每核算单位用工数量	日	14.98	15.07	3.37	3.25
平均饲养天数	日	356.23	356.29	70.41	69.06

2-10 各地区主要畜产品产量及人均占有量位次

单位：万吨、千克/人

地 区	肉类总产量		肉类人均占有量		猪肉产量		猪肉人均占有量	
	绝对数	位次	绝对数	位次	绝对数	位次	绝对数	位次
全国总计	**8 537.8**		**61.9**		**5 299.1**		**38.4**	
北 京	30.4	29	14.0	30	21.8	27	10.1	29
天 津	45.5	26	29.3	27	29.2	26	18.8	23
河 北	457.7	5	61.5	17	265.4	7	35.6	16
山 西	84.4	24	23.0	28	57.5	22	15.7	26
内蒙古	258.9	15	102.9	1	72.1	21	28.7	18
辽 宁	430.9	6	98.4	2	219.2	12	50.0	7
吉 林	260.4	14	94.9	3	130.6	18	47.6	9
黑龙江	231.2	16	60.7	19	138.2	16	36.3	15
上 海	17.4	31	7.2	31	13.5	28	5.6	30
江 苏	355.6	12	44.5	23	216.4	13	27.1	19
浙 江	118.1	21	21.2	29	90.7	19	16.3	25
安 徽	411.4	9	66.7	16	244.9	10	39.7	13
福 建	225.6	17	58.5	20	136.0	17	35.3	17
江 西	330.9	13	72.3	13	242.9	11	53.0	5
山 东	777.5	1	78.6	9	383.5	4	38.8	14
河 南	697.0	2	73.3	11	450.6	2	47.4	10
湖 北	425.2	7	72.5	12	322.2	5	54.9	4
湖 南	529.8	4	77.9	10	434.8	3	63.9	1
广 东	415.5	8	38.0	24	264.4	8	24.2	20
广 西	411.2	10	85.4	4	249.8	9	51.8	6
海 南	76.3	25	83.5	7	42.9	24	46.9	11
重 庆	210.8	18	69.5	14	151.3	15	49.9	8
四 川	696.3	3	84.6	6	494.5	1	60.1	2
贵 州	199.3	19	56.3	21	155.0	14	43.7	12
云 南	375.6	11	79.0	8	283.7	6	59.6	3
西 藏	27.7	30	84.6	5	1.5	31	4.7	31
陕 西	111.7	22	29.4	26	85.9	20	22.6	21
甘 肃	97.3	23	37.4	25	49.0	23	18.8	22
青 海	36.0	27	61.0	18	10.5	29	17.8	24
宁 夏	30.9	28	46.0	22	7.5	30	11.1	28
新 疆	161.0	20	67.7	15	33.9	25	14.3	27

2-10 续表1

单位：万吨、千克/人

地区	牛肉产量		牛肉人均占有量		羊肉产量		羊肉人均占有量	
	绝对数	位次	绝对数	位次	绝对数	位次	绝对数	位次
全国总计	**716.8**		**5.2**		**459.4**		**3.3**	
北　京	1.4	29	0.6	28	1.2	28	0.5	27
天　津	3.5	25	2.2	23	1.6	26	1.0	23
河　北	54.3	4	7.3	12	32.4	4	4.3	7
山　西	5.9	24	1.6	25	7.4	19	2.0	15
内蒙古	55.6	3	22.1	2	99.0	1	39.3	1
辽　宁	41.6	8	9.5	8	8.7	15	2.0	16
吉　林	47.1	5	17.2	5	4.8	20	1.8	18
黑龙江	42.5	6	11.2	7	12.8	10	3.4	9
上　海	0.1	31	0.0	31	0.5	31	0.2	30
江　苏	3.1	27	0.4	29	8.3	16	1.0	24
浙　江	1.3	30	0.2	30	1.9	25	0.3	28
安　徽	16.5	15	2.7	22	17.3	8	2.8	12
福　建	3.2	26	0.8	26	2.5	24	0.7	26
江　西	14.4	18	3.1	17	1.3	27	0.3	29
山　东	67.0	2	6.8	13	38.4	3	3.9	8
河　南	83.0	1	8.7	9	26.4	6	2.8	13
湖　北	23.2	11	3.9	16	8.9	14	1.5	19
湖　南	20.4	12	3.0	20	12.0	12	1.8	17
广　东	7.1	23	0.6	27	0.9	30	0.1	31
广　西	14.7	17	3.1	18	3.3	23	0.7	25
海　南	2.6	28	2.8	21	1.1	29	1.2	22
重　庆	9.2	21	3.0	19	4.1	22	1.4	20
四　川	36.9	9	4.5	15	26.9	5	3.3	10
贵　州	17.9	14	5.0	14	4.5	21	1.3	21
云　南	35.2	10	7.4	11	15.1	9	3.2	11
西　藏	16.2	16	49.4	1	8.2	17	25.1	2
陕　西	8.0	22	2.1	24	8.0	18	2.1	14
甘　肃	20.0	13	7.7	10	21.1	7	8.1	6
青　海	12.2	19	20.6	3	12.0	11	20.3	4
宁　夏	10.4	20	15.5	6	10.5	13	15.7	5
新　疆	42.5	7	17.9	4	58.3	2	24.5	3

2－10 续表 2

单位：万吨、千克/人

地区	禽肉产量		禽肉人均占有量		牛奶产量	
	绝对数	位次	绝对数	位次	绝对数	位次
全国总计	**1 888.2**		**13.7**		**3 602.2**	
北　京	5.9	26	2.7	26	45.7	16
天　津	11.2	24	7.2	20	68.0	11
河　北	90.5	9	12.2	14	440.5	3
山　西	12.5	23	3.4	24	95.1	10
内蒙古	21.5	20	8.5	18	734.1	1
辽　宁	156.8	2	35.8	1	143.1	7
吉　林	73.1	11	26.6	5	52.8	15
黑龙江	36.0	17	9.4	16	545.9	2
上　海	2.6	28	1.1	30	26.0	21
江　苏	118.1	7	14.8	9	59.0	13
浙　江	23.2	19	4.2	23	15.3	24
安　徽	131.7	5	21.3	6	32.7	19
福　建	80.5	10	20.9	7	15.4	23
江　西	70.4	12	15.4	8	13.5	25
山　东	275.8	1	27.9	4	268.4	5
河　南	122.5	6	12.9	10	326.8	4
湖　北	69.9	13	11.9	15	16.9	22
湖　南	59.9	14	8.8	17	10.1	27
广　东	135.1	3	12.4	13	12.9	26
广　西	135.0	4	28.0	3	9.7	28
海　南	26.7	18	29.2	2	0.2	31
重　庆	38.4	16	12.7	11	5.5	30
四　川	102.0	8	12.4	12	62.8	12
贵　州	17.7	21	5.0	22	6.4	29
云　南	38.8	15	8.2	19	56.9	14
西　藏	0.2	31	0.7	31	29.7	20
陕　西	8.5	25	2.2	27	140.2	8
甘　肃	5.0	27	1.9	28	40.0	17
青　海	0.8	30	1.4	29	33.0	18
宁　夏	2.1	29	3.1	25	139.5	9
新　疆	15.9	22	6.7	21	156.1	6

2－10　续表 3

单位：万吨、千克/人

地　区	牛奶人均占有量		禽蛋产量		禽蛋人均占有量	
	绝对数	位次	绝对数	位次	绝对数	位次
全国总计	**26.1**		**3 094.9**		**22.4**	
北　京	21.0	14	18.3	24	8.4	20
天　津	43.8	8	20.6	23	13.3	18
河　北	59.1	6	388.5	3	52.2	2
山　西	25.9	13	89.0	12	24.2	9
内蒙古	291.8	1	58.0	14	23.1	10
辽　宁	32.7	11	287.6	4	65.7	1
吉　林	19.3	15	114.4	9	41.7	5
黑龙江	143.5	3	106.3	10	27.9	7
上　海	10.8	18	3.5	29	1.4	31
江　苏	7.4	20	198.5	5	24.9	8
浙　江	2.7	25	30.8	19	5.5	24
安　徽	5.3	21	139.5	8	22.6	11
福　建	4.0	22	27.8	20	7.2	21
江　西	2.9	23	51.7	15	11.3	19
山　东	27.1	12	440.6	1	44.5	3
河　南	34.4	10	422.5	2	44.4	4
湖　北	2.9	24	167.8	6	28.6	6
湖　南	1.5	29	104.7	11	15.4	15
广　东	1.2	30	33.3	18	3.1	29
广　西	2.0	26	23.1	22	4.8	27
海　南	0.2	31	4.8	28	5.3	25
重　庆	1.8	28	47.4	16	15.6	13
四　川	7.6	19	148.1	7	18.0	12
贵　州	1.8	27	18.3	25	5.2	26
云　南	12.0	17	26.4	21	5.6	23
西　藏	90.8	4	0.5	31	1.5	30
陕　西	36.9	9	59.3	13	15.6	14
甘　肃	15.4	16	15.1	26	5.8	22
青　海	55.9	7	2.4	30	4.1	28
宁　夏	207.7	2	9.7	27	14.4	17
新　疆	65.6	5	36.1	17	15.2	16

2－11　按人口平均的主要畜产品产量

单位：千克/人

年　份	肉类总产量	猪牛羊肉	猪肉	牛肉	羊肉	禽肉	牛奶产量	禽蛋产量
1978	9.0	9.0					0.9	
1979	11.0	11.0	10.3	0.2	0.4		1.1	
1980	12.3	12.3	11.6	0.3	0.5	0.0	1.2	2.6
1985	18.3	16.8	15.7	0.4	0.6	1.5	2.4	5.1
1990	25.2	22.1	20.1	1.1	0.9	2.8	3.7	7.0
1991	27.3	23.7	21.3	1.3	1.0	3.4	4.0	8.0
1992	29.4	25.2	22.6	1.5	1.1	3.9	4.3	8.8
1993	32.6	27.4	24.2	2.0	1.2	4.9	4.2	10.0
1994	37.8	31.0	26.9	2.7	1.4	6.3	4.4	12.4
1995	33.8	27.4	23.7	2.5	1.3	6.0	4.8	13.9
1996	37.6	30.3	25.9	2.9	1.5	6.8	5.2	16.1
1997	42.8	34.5	29.2	3.6	1.7	8.0	4.9	15.4
1998	46.1	37.0	31.3	3.9	1.9	8.5	5.3	16.3
1999	47.5	38.0	32.0	4.0	2.0	8.9	5.7	17.0
2000	47.6	37.6	31.4	4.1	2.1	9.4	6.6	17.3
2001	48.0	38.0	31.9	4.0	2.1	9.2	8.1	17.4
2002	48.7	38.5	32.2	4.1	2.2	9.3	10.2	17.7
2003	50.0	39.5	32.9	4.2	2.4	9.6	13.6	18.1
2004	51.0	40.4	33.5	4.3	2.6	9.7	17.4	18.3
2005	53.2	42.0	34.9	4.4	2.7	10.3	21.1	18.7
2006	54.1	42.6	35.5	4.4	2.8	10.4	24.4	18.5
2007	52.1	40.1	32.5	4.7	2.9	11.0	26.7	19.2
2008	54.9	42.4	34.9	4.6	2.9	11.6	26.8	20.4
2009	57.5	44.4	36.7	4.8	2.9	12.0	26.4	20.6
2010	59.2	45.8	37.9	4.9	3.0	12.4	26.7	20.7
2011	59.2	45.3	37.6	4.8	2.9	12.7	27.2	20.9
2012	62.1	47.4	39.6	4.9	3.0	13.5	27.7	21.2
2013	62.9	48.6	40.5	5.0	3.0	13.2	26.1	21.3
2014	63.8	49.8	41.6	5.1	3.1	12.8	27.3	21.2
2015	62.9	48.3	40.0	5.1	3.2	13.3	27.4	21.9
2016	61.9	47.0	38.4	5.2	3.3	13.7	26.1	22.4

注：按年平均人口计算。

三、畜牧生产统计

3-1 全国主要畜产品产量

单位：万吨

年 份	肉类总产量	猪牛羊肉	猪肉	牛肉	羊肉	禽肉	兔肉
1978	856.3	856.3					
1979	1 062.4	1 062.4	1 001.4	23.0	38.0		
1980	1 205.4	1 205.4	1 134.1	26.9	44.5		
1985	1 926.5	1 760.7	1 654.7	46.7	59.3	160.2	5.6
1990	2 857.0	2 513.5	2 281.1	125.6	106.8	322.9	9.6
1991	3 144.4	2 723.8	2 452.3	153.5	118.0	395.0	10.8
1992	3 430.7	2 940.6	2 635.3	180.3	125.0	454.2	18.5
1993	3 841.5	3 225.3	2 854.4	233.6	137.3	573.6	20.4
1994	4 499.3	3 692.7	3 204.8	327.0	160.9	755.2	22.9
1995	4 076.4	3 304.0	2 853.5	298.5	152.0	724.3	20.7
1996	4 584.0	3 694.7	3 158.0	355.7	181.0	832.7	23.7
1997	5 268.8	4 249.9	3 596.3	440.9	212.8	978.5	28.1
1998	5 723.8	4 598.2	3 883.7	479.9	234.6	1 056.3	30.8
1999	5 949.0	4 762.3	4 005.6	505.4	251.3	1 115.5	31.0
2000	6 013.9	4 743.2	3 966.0	513.1	264.1	1 191.1	37.0
2001	6 105.8	4 832.1	4 051.7	508.6	271.8	1 176.1	40.6
2002	6 234.3	4 928.4	4 123.1	521.9	283.5	1 197.1	42.3
2003	6 443.3	5 089.8	4 238.6	542.5	308.7	1 239.0	43.8
2004	6 608.7	5 234.3	4 341.0	560.4	332.9	1 257.8	46.7
2005	6 938.9	5 473.5	4 555.3	568.1	350.1	1 344.2	51.1
2006	7 089.0	5 591.0	4 650.4	576.7	363.8	1 363.1	54.4
2007	6 865.7	5 283.8	4 287.8	613.4	382.6	1 447.6	60.2
2008	7 278.7	5 614.0	4 620.5	613.2	380.3	1 533.6	58.7
2009	7 649.7	5 915.7	4 890.8	635.5	389.4	1 594.9	63.6
2010	7 925.8	6 123.2	5 071.2	653.1	398.9	1 656.1	69.0
2011	7 957.8	6 093.7	5 053.1	647.5	393.1	1 708.8	73.1
2012	8 387.2	6 405.9	5 342.7	662.3	401.0	1 822.6	76.1
2013	8 535.0	6 574.4	5 493.0	673.2	408.1	1 798.4	78.5
2014	8 706.7	6 788.8	5 671.4	689.2	428.2	1 750.7	82.9
2015	8 625.0	6 627.5	5 486.5	700.1	440.8	1 826.3	84.3
2016	8 537.8	6 475.3	5 299.1	716.8	459.4	1 888.2	86.9

注：2000—2006 年数据根据农业普查结果进行了修订。

3-1　续表

单位：万吨

年　份	牛奶产量	山羊粗毛产量（吨）	绵羊毛产量（吨）			羊绒产量（吨）	蜂蜜产量	禽蛋产量
				细羊毛	半细羊毛			
1978	88.3	10 000	138 000			4 000		
1979	106.5	12 000	153 000			4 000		
1980	114.1	11 687	175 728	69 035	34 587	4 005	9.6	256.6
1985	249.9	10 512	177 953	85 861	32 070	2 989	15.5	534.7
1990	415.7	16 506	239 457	119 457	44 246	5 751	19.3	794.6
1991	464.6	16 498	239 607	108 613	55 839	5 930	20.6	922.0
1992	503.1	17 496	238 192	106 201	52 478	5 886	17.8	1 019.9
1993	498.6	19 020	240 309	109 969	53 624	6 479	17.5	1 179.8
1994	528.8	24 559	254 659	113 357	58 337	7 336	17.7	1 479.0
1995	576.4	29 973	277 375	114 219	70 369	8 482	17.8	1 676.7
1996	629.4	35 284	298 102	121 020	74 099	9 585	18.3	1 965.2
1997	601.1	25 865	255 059	116 054	55 683	8 626	21.1	1 897.1
1998	662.9	31 417	277 545	115 752	68 775	9 799	20.7	2 021.3
1999	717.6	31 849	283 152	114 103	73 700	10 180	23.0	2 134.7
2000	827.4	33 266	292 502	117 386	84 921	11 057	24.6	2 182.0
2001	1 025.5	34 241	298 254	114 651	88 075	10 968	25.2	2 210.1
2002	1 299.8	35 459	307 588	112 193	102 419	11 765	26.5	2 265.7
2003	1 746.3	36 692	338 058	120 263	110 249	13 528	28.9	2 333.1
2004	2 260.6	37 727	373 902	130 413	119 514	14 515	29.3	2 370.6
2005	2 753.4	36 904	393 172	127 862	123 068	15 435	29.3	2 438.1
2006	3 193.4	40 512	388 777	131 808	116 098	16 395	33.3	2 424.0
2007	3 525.2	38 382	363 470	123 920	106 760	18 483	35.4	2 529.0
2008	3 555.8	44 406	367 687	123 838	104 838	17 184	40.0	2 702.2
2009	3 518.8	49 453	364 002	127 352	113 018	16 964	40.2	2 742.5
2010	3 575.6	42 714	386 768	123 173	114 944	18 518	40.1	2 762.7
2011	3 657.8	44 047	393 072	132 836	120 119	17 989	43.1	2 811.4
2012	3 743.6	43 924	400 057	125 709	131 983	18 021	44.8	2 861.2
2013	3 531.4	41 875	411 122	133 247	135 330	18 114	45.0	2 876.1
2014	3 724.6	40 046	419 518	124 915	142 253	19 278	46.8	2 893.9
2015	3 754.7	36 956	427 464	134 954	143 371	19 247	47.7	2 999.2
2016	3 602.2	36 389	427 237	133 907	147 410	19 216	48.1	3 094.9

3-2　全国主要牲畜年末存栏量

单位：万头、万只

年　份	大牲畜	牛	马	驴	骡
1978	9 389.0	7 072.4	1 124.5	748.1	386.8
1979	9 459.0	7 134.6	1 114.5	747.3	402.3
1980	9 524.6	7 167.6	1 104.2	774.8	416.6
1985	11 381.8	8 682.0	1 108.1	1 041.5	497.2
1990	13 021.3	10 288.4	1 017.4	1 119.8	549.4
1991	13 192.6	10 459.2	1 009.4	1 115.8	560.6
1992	13 485.1	10 784.0	1 001.7	1 098.3	561.0
1993	13 987.5	11 315.7	995.9	1 088.6	549.8
1994	14 918.7	12 231.8	1 003.8	1 092.3	555.2
1995	12 728.4	10 420.1	861.1	945.5	476.9
1996	13 360.6	11 031.8	871.5	944.4	478.0
1997	14 541.8	12 182.2	891.2	952.8	480.6
1998	14 803.2	12 441.9	898.1	955.8	473.9
1999	15 024.8	12 698.3	891.4	934.8	467.3
2000	14 638.1	12 353.2	876.6	922.7	453.0
2001	13 980.9	11 809.2	826.0	881.5	436.2
2002	13 672.3	11 567.8	808.8	849.9	419.4
2003	13 467.3	11 434.4	790.0	820.7	395.7
2004	13 191.4	11 235.4	763.9	791.9	374.0
2005	12 894.8	10 990.8	740.0	777.2	360.4
2006	12 287.1	10 465.1	719.5	730.6	345.1
2007	12 309.4	10 594.8	702.8	689.1	298.5
2008	12 250.7	10 576.0	682.1	673.1	295.5
2009	12 357.6	10 726.5	678.5	648.4	279.3
2010	12 238.5	10 626.4	677.1	639.7	269.7
2011	11 966.2	10 360.5	670.9	647.8	259.8
2012	11 891.8	10 343.4	633.5	636.1	249.2
2013	11 853.2	10 385.1	602.7	603.4	230.4
2014	12 022.9	10 578.0	604.3	582.6	224.6
2015	12 195.7	10 817.3	590.8	542.1	210.0
2016	11 906.4	10 667.9	550.7	456.9	192.9

3－2 续表

单位：万头、万只

年 份		猪	羊		
	骆驼			山羊	绵羊
1978	57.4	30 129.0	16 994.0	7 354.0	9 640.0
1979	60.4	31 971.0	18 314.0	8 057.0	10 257.0
1980	61.4	30 543.1	18 731.1	8 068.4	10 662.7
1985	53.0	33 139.6	15 588.4	6 167.4	9 421.0
1990	46.3	36 240.8	21 002.1	9 720.5	11 281.6
1991	44.1	36 964.6	20 621.0	9 535.5	11 085.5
1992	40.1	38 421.1	20 732.9	9 761.0	10 971.9
1993	37.3	39 300.1	21 731.4	10 569.6	11 161.8
1994	35.6	41 461.5	24 052.8	12 308.3	11 744.4
1995	34.1	35 040.8	21 748.7	10 794.0	10 945.7
1996	34.5	36 283.6	23 728.3	12 315.8	11 412.5
1997	35.0	40 034.8	25 575.7	13 480.1	12 095.6
1998	33.5	42 256.3	26 903.5	14 168.3	12 735.2
1999	33.0	43 144.2	27 925.8	14 816.3	13 109.5
2000	32.6	41 633.6	27 948.2	14 945.6	13 002.6
2001	27.9	41 950.5	27 625.0	14 562.3	13 062.8
2002	26.4	41 776.2	28 240.9	14 841.2	13 399.7
2003	26.5	41 381.8	29 307.4	14 967.9	14 339.5
2004	26.2	42 123.4	30 426.0	15 195.5	15 230.5
2005	26.6	43 319.1	29 792.7	14 659.0	15 133.7
2006	26.9	41 850.4	28 369.8	13 768.0	14 601.8
2007	24.2	43 989.5	28 564.7	14 921.1	13 643.6
2008	24.0	46 291.3	28 084.9	15 229.2	12 855.7
2009	24.8	46 996.0	28 452.2	15 050.1	13 402.1
2010	25.6	46 460.0	28 087.9	14 203.9	13 884.0
2011	27.3	46 766.9	28 235.8	14 274.2	13 961.5
2012	29.5	47 592.2	28 504.1	14 136.1	14 368.0
2013	31.6	47 411.3	29 036.3	14 034.5	15 001.7
2014	33.4	46 582.7	30 314.9	14 465.9	15 849.0
2015	35.6	45 112.5	31 099.7	14 893.4	16 206.2
2016	38.1	43 503.7	30 112.0	13 976.9	16 135.1

3-3 全国主要畜禽年出栏量

单位：万头、万只

年 份	猪	牛	羊	家禽	兔
1978	16 109.5	240.3	2 621.9		
1979	18 767.6	296.8	3 543.4		
1980	19 860.7	332.2	4 241.9		
1985	23 875.2	456.5	5 080.5		
1990	30 991.0	1 088.3	8 931.4	243 391.1	7 314.9
1991	32 897.1	1 303.9	9 816.2	282 357.5	8 468.9
1992	35 169.7	1 519.2	10 266.6	319 254.3	14 343.9
1993	37 720.1	1 897.1	11 146.9	397 760.3	15 517.6
1994	42 103.2	2 512.7	13 124.8	512 823.2	16 924.7
1995	37 849.6	2 243.0	11 418.0	488 392.6	15 019.9
1996	41 225.2	2 685.9	13 412.5	557 127.2	16 666.6
1997	46 483.7	3 283.9	15 945.5	638 853.2	20 984.5
1998	50 215.1	3 587.1	17 279.5	684 378.7	21 741.3
1999	50 749.0	3 766.2	18 820.4	743 165.1	22 103.0
2000	51 862.3	3 806.9	19 653.4	809 857.1	25 878.2
2001	53 281.1	3 794.8	21 722.5	808 834.8	28 992.5
2002	54 143.9	3 896.2	23 280.8	832 858.9	30 560.2
2003	55 701.8	4 000.1	25 958.3	888 587.8	31 938.4
2004	57 278.5	4 101.0	28 343.0	907 021.8	33 985.9
2005	60 367.4	4 148.7	24 092.0	943 091.4	37 840.4
2006	61 207.3	4 222.0	24 733.9	930 548.3	40 367.7
2007	56 508.3	4 359.5	25 570.7	957 867.0	44 087.3
2008	61 016.6	4 446.1	26 172.3	1 022 155.7	41 529.9
2009	64 538.6	4 602.2	26 732.9	1 060 945.0	43 281.4
2010	66 686.4	4 716.8	27 220.2	1 100 578.0	46 452.5
2011	66 170.3	4 670.7	26 661.5	1 132 715.2	47 470.4
2012	69 789.5	4 760.9	27 099.6	1 207 704.3	48 776.7
2013	71 557.3	4 828.2	27 586.8	1 190 459.0	50 366.5
2014	73 510.4	4 929.2	28 741.6	1 154 167.1	51 679.1
2015	70 825.0	5 003.4	29 472.7	1 198 720.6	52 356.9
2016	68 502.0	5 110.0	30 694.6	1 237 300.1	53 688.6

3-4 全国畜牧生产及增长情况

单位：万头、万只、万吨

项　　目	2016 年	2015 年	2016 年比 2015 年增加	
			绝对数	%
当年畜禽出栏				
一、大牲畜				
1. 牛	5 110.0	5 003.4	106.6	2.1
2. 马	160.5	157.7	2.8	1.8
3. 驴	216.9	217.0	−0.1	0.0
4. 骡	39.5	44.2	−4.7	−10.7
5. 骆驼	9.8	9.4	0.4	3.8
二、猪	68 502.0	70 825.0	−2 323.0	−3.3
三、羊	30 694.6	29 472.7	1 221.9	4.1
1. 山羊	15 197.6	15 198.1	−0.5	0.0
2. 绵羊	15 497.0	14 274.6	1 222.4	8.6
四、家禽	1 237 300.1	1 198 720.6	38 579.5	3.2
五、兔	53 688.6	52 356.9	1 331.7	2.5
期末存栏				
一、大牲畜	11 906.4	12 195.7	−289.3	−2.4
1. 牛	10 667.9	10 817.3	−149.4	−1.4
其中：肉牛	7 441.0	7 372.9	68.1	0.9
奶牛	1 425.3	1 507.2	−81.9	−5.4
役用牛	1 801.5	1 937.2	−135.7	−7.0
2. 马	550.7	590.8	−40.1	−6.8
3. 驴	456.9	542.1	−85.2	−15.7
4. 骡	192.9	210.0	−17.1	−8.2
5. 骆驼	38.1	35.6	2.5	6.9
二、猪	43 503.7	45 112.5	−1 608.8	−3.6
其中：能繁母猪	4 456.2	4 693.0	−236.8	−5.0

3-4 续表

单位：万头、万只、万吨

项　　目	2016 年	2015 年	2016 年比 2015 年增加	
			绝对数	%
三、羊	30 112.0	31 099.7	−987.7	−3.2
1. 山羊	13 976.9	14 893.4	−916.5	−6.2
2. 绵羊	16 135.1	16 206.2	−71.1	−0.4
四、家禽	589 919.7	586 703.0	3 216.7	0.5
五、兔	20 277.4	21 603.4	−1 326.0	−6.1
畜产品产量				
一、肉类总产量	8 537.8	8 625.0	−87.2	−1.0
1. 牛肉	716.8	700.1	16.7	2.4
平均每头产肉量（千克/头）	140.3	139.9	0.3	0.2
2. 猪肉	5 299.1	5 486.5	−187.4	−3.4
平均每头产肉量（千克/头）	77.4	77.5	−0.1	−0.1
3. 羊肉	459.4	440.8	18.6	4.2
平均每头产肉量（千克/头）	15.0	15.0	0.0	0.1
4. 禽肉	1 888.2	1 826.3	61.9	3.4
5. 兔肉	86.9	84.3	2.6	3.1
二、奶类产量	3 712.1	3 870.3	−158.2	−4.1
其中：牛奶产量	3 602.2	3 754.7	−152.5	−4.1
三、山羊粗毛产量（吨）	36 389.1	36 955.9	−566.8	−1.5
四、绵羊毛产量（吨）	427 237.3	427 464.1	−226.8	−0.1
其中：细羊毛（吨）	133 906.7	134 953.8	−1 047.1	−0.8
半细羊毛（吨）	147 409.7	143 370.9	4 038.8	2.8
五、羊绒产量（吨）	19 215.8	19 247.2	−31.4	−0.2
六、蜂蜜产量	48.1	47.7	0.4	0.9
七、禽蛋产量	3 094.9	2 999.2	95.7	3.2
八、蚕茧产量	88.3	90.1	−1.8	−2.0
其中：桑蚕茧	81.7	82.4	−0.7	−0.9
柞蚕茧	6.6	7.7	−1.1	−14.5

3-5 各地区主要畜禽年出栏量

单位：万头、万只

地　区	猪	牛	羊	家禽	兔
全国总计	**68 502.0**	**5 110.0**	**30 694.6**	**1 237 300.1**	**53 688.6**
北　京	275.3	7.4	69.6	3 882.7	10.7
天　津	374.8	20.1	68.8	7 910.6	7.0
河　北	3 433.9	331.9	2 303.8	60 772.4	3 175.6
山　西	748.9	40.3	517.8	9 639.6	307.3
内蒙古	909.2	339.7	5 971.3	10 950.0	588.5
辽　宁	2 608.8	272.3	769.9	91 622.8	19.6
吉　林	1 619.3	306.4	403.0	41 556.5	609.7
黑龙江	1 844.7	274.3	778.1	21 452.3	81.6
上　海	171.1	0.1	32.5	1 713.5	5.3
江　苏	2 847.3	17.0	739.3	71 462.1	3 687.1
浙　江	1 169.2	8.8	119.4	14 941.7	437.7
安　徽	2 874.9	114.6	1 207.2	78 146.9	189.2
福　建	1 720.5	30.2	179.6	57 062.1	1 927.6
江　西	3 103.1	143.3	79.5	50 656.1	373.7
山　东	4 662.0	445.5	3 298.0	187 826.2	6 772.1
河　南	6 004.6	550.2	2 168.5	93 420.0	3 884.8
湖　北	4 223.6	160.3	555.4	52 195.9	207.5
湖　南	5 920.9	172.7	725.5	42 671.9	723.2
广　东	3 531.9	59.1	49.9	97 391.1	324.8
广　西	3 280.1	149.8	207.2	82 237.3	643.2
海　南	529.6	26.8	81.1	15 315.0	8.0
重　庆	2 047.8	70.4	300.7	24 928.1	5 142.5
四　川	6 925.4	305.2	1 755.8	67 776.9	23 490.4
贵　州	1 759.4	140.7	263.9	10 397.3	249.1
云　南	3 378.6	300.4	871.6	21 698.8	127.4
西　藏	18.3	125.9	473.9	171.8	0.0
陕　西	1 142.9	55.5	506.1	5 278.6	225.4
甘　肃	670.3	189.4	1 310.1	4 024.9	197.9
青　海	138.3	125.2	676.2	463.3	47.3
宁　夏	96.2	68.2	598.2	1 088.3	40.4
新　疆	471.0	258.1	3 612.8	8 645.4	183.9

3-6 各地区主要畜禽年末存栏量

单位：万头、万只

地 区	大牲畜	牛				马	驴	骡	骆驼
			肉牛	奶牛	役用牛				
全国总计	**11 906.4**	**10 667.9**	**7 441.0**	**1 425.3**	**1 801.5**	**550.7**	**456.9**	**192.9**	**38.1**
北 京	16.7	16.2	4.8	11.3	0.0	0.2	0.3	0.1	0.0
天 津	30.7	29.9	14.9	14.9	0.1	0.0	0.7	0.0	0.0
河 北	467.7	396.0	169.4	180.6	46.0	15.1	40.9	15.7	0.0
山 西	125.5	106.5	46.5	40.7	19.3	1.0	12.0	5.9	0.0
内蒙古	854.9	654.9	444.8	202.3	7.7	80.5	83.2	20.4	15.9
辽 宁	462.0	399.6	358.3	34.8	6.5	7.3	48.3	6.8	0.0
吉 林	475.1	427.3	400.4	25.0	1.9	24.7	16.5	6.7	0.0
黑龙江	524.2	494.4	315.2	176.8	2.4	20.5	6.9	2.5	0.0
上 海	5.4	5.4	0.0	5.1	0.3	0.0	0.0	0.0	0.0
江 苏	33.5	30.3	9.0	19.9	1.4	0.2	2.3	0.7	0.0
浙 江	14.5	14.5	9.5	3.9	1.1	0.0	0.0	0.0	0.0
安 徽	168.2	167.9	144.1	13.2	10.6	0.1	0.2	0.0	0.0
福 建	66.6	66.6	34.3	5.0	27.3	0.0	0.0	0.0	0.0
江 西	301.7	301.7	262.2	6.9	32.6	0.0	0.0	0.0	0.0
山 东	510.2	495.7	326.5	129.3	39.8	1.8	11.9	0.8	0.0
河 南	899.9	887.3	620.8	99.0	167.5	4.6	6.4	1.5	0.0
湖 北	356.0	355.2	238.2	6.8	110.2	0.5	0.2	0.1	0.0
湖 南	463.2	457.1	352.4	14.3	90.4	5.1	0.8	0.2	0.0
广 东	234.1	234.1	127.5	5.4	101.2	0.0	0.0	0.0	0.0
广 西	448.6	418.7	92.3	5.0	321.4	25.7	0.1	4.1	0.0
海 南	76.5	76.5	57.4	0.1	19.0	0.0	0.0	0.0	0.0
重 庆	147.8	145.2	114.5	1.7	29.0	1.7	0.3	0.7	0.0
四 川	1 066.3	969.5	552.8	17.6	399.2	79.2	7.7	9.8	0.0
贵 州	586.3	518.3	362.8	5.7	149.8	65.9	0.1	2.1	0.0
云 南	947.8	789.9	721.8	17.7	50.3	62.4	34.9	60.7	0.0
西 藏	648.5	610.0	466.6	37.2	106.2	30.6	6.6	1.4	0.0
陕 西	163.8	148.0	103.1	43.7	1.2	0.7	11.7	3.3	0.0
甘 肃	608.6	446.6	416.4	29.7	0.5	15.0	101.5	42.8	2.7
青 海	512.5	483.7	457.9	25.8	0.0	18.9	4.1	4.6	1.3
宁 夏	118.9	113.0	76.4	36.5	0.0	0.1	4.7	1.1	0.0
新 疆	570.8	408.2	140.2	209.5	58.5	89.0	54.6	0.8	18.2

3-6　续表

单位：万头、万只

地区	猪		羊			家禽	兔
		能繁母猪		山羊	绵羊		
全国总计	**43 503.7**	**4 456.2**	**30 112.0**	**13 976.9**	**16 135.1**	**589 919.7**	**20 277.4**
北　京	165.3	19.9	59.6	17.8	41.9	1 838.1	3.4
天　津	190.6	23.1	47.5	5.4	42.1	2 805.3	5.3
河　北	1 819.0	175.3	1 386.3	470.3	916.0	38 560.8	1 049.0
山　西	449.7	49.6	910.4	363.6	546.8	9 377.5	178.6
内蒙古	640.0	76.3	5 506.2	1 512.3	3 994.0	4 851.0	248.4
辽　宁	1 406.5	185.6	889.6	471.7	417.8	45 998.6	15.9
吉　林	948.1	110.3	438.4	52.5	385.9	15 105.8	193.4
黑龙江	1 276.0	126.4	864.3	185.9	678.4	15 085.2	60.1
上　海	100.1	8.4	25.6	24.6	1.1	851.7	3.1
江　苏	1 690.6	136.0	404.3	394.8	9.5	30 122.6	1 390.1
浙　江	573.8	50.1	113.1	40.1	73.0	6 592.6	232.6
安　徽	1 468.6	127.6	656.0	655.0	1.0	21 593.3	124.7
福　建	983.2	102.5	128.0	128.0	0.0	10 840.9	945.5
江　西	1 617.1	153.5	61.2	61.2	0.0	23 332.1	156.1
山　东	2 764.1	299.2	2 197.7	1 173.9	1 023.8	65 520.9	2 741.8
河　南	4 284.1	433.6	1 858.6	1 741.3	117.3	71 450.0	1 953.2
湖　北	2 432.2	239.6	470.9	470.9	0.0	33 167.9	150.8
湖　南	3 936.6	394.0	529.2	529.2	0.0	33 101.1	319.7
广　东	2 076.1	220.3	42.7	42.7	0.0	32 412.0	156.1
广　西	2 216.1	257.0	203.7	203.7	0.0	30 860.5	174.1
海　南	385.5	52.8	67.1	67.0	0.1	5 112.6	4.9
重　庆	1 395.6	137.5	216.8	216.6	0.2	14 073.0	1 788.7
四　川	4 675.9	458.9	1 761.3	1 571.1	190.2	38 350.7	7 631.3
贵　州	1 498.2	135.4	349.2	330.0	19.2	8 675.0	149.0
云　南	2 575.4	271.3	1 043.7	968.0	75.7	12 699.9	65.1
西　藏	37.4	11.6	1 437.7	513.0	924.6	130.1	0.0
陕　西	827.9	79.0	678.5	555.4	123.2	6 626.4	247.4
甘　肃	580.2	67.2	1 877.4	407.4	1 470.1	3 852.3	161.5
青　海	123.6	12.7	1 390.7	182.8	1 207.9	299.8	26.4
宁　夏	69.0	7.9	580.7	111.8	468.9	1 064.5	25.1
新　疆	297.4	33.5	3 915.7	509.1	3 406.6	5 567.6	76.0

3-7 全国肉类产品产量构成

单位：%

年 份	肉类总产量					
		猪肉	牛肉	羊肉	禽肉	其他
1985	100	85.9	2.4	3.1	8.3	0.3
1986	100	85.0	2.8	2.9	8.9	0.4
1987	100	82.8	3.6	3.2	9.9	0.5
1988	100	81.4	3.9	3.2	11.1	0.5
1989	100	80.8	4.1	3.7	10.7	0.8
1990	100	79.8	4.4	3.7	11.3	0.7
1991	100	78.0	4.9	3.8	12.6	0.8
1992	100	76.8	5.3	3.6	13.2	1.0
1993	100	74.3	6.1	3.6	14.9	1.1
1994	100	71.2	7.3	3.6	16.8	1.1
1995	100	70.0	7.3	3.7	17.8	1.2
1996	100	68.9	7.8	3.9	18.2	1.2
1997	100	68.3	8.4	4.0	18.6	0.8
1998	100	67.9	8.4	4.1	18.5	1.2
1999	100	67.3	8.5	4.2	18.8	1.2
2000	100	65.9	8.5	4.4	19.8	1.3
2001	100	66.4	8.3	4.5	19.3	1.6
2002	100	66.1	8.4	4.5	19.2	1.7
2003	100	65.8	8.4	4.8	19.2	1.8
2004	100	65.7	8.5	5.0	19.0	1.8
2005	100	65.6	8.2	5.0	19.4	1.7
2006	100	65.6	8.1	5.1	19.2	1.9
2007	100	62.5	8.9	5.6	21.1	2.0
2008	100	63.5	8.4	5.2	21.1	1.8
2009	100	63.9	8.3	5.1	20.8	1.8
2010	100	64.0	8.2	5.0	20.9	1.8
2011	100	63.5	8.1	4.9	21.5	2.0
2012	100	63.7	7.9	4.8	21.7	1.9
2013	100	64.4	7.9	4.8	21.1	1.9
2014	100	65.1	7.9	4.9	20.1	2.0
2015	100	63.6	8.1	5.1	21.2	2.0
2016	100	62.1	8.4	5.4	22.1	2.0

3－8 各地区肉类产量

单位：万吨

地 区	肉类总产量				
		猪肉	牛肉	羊肉	禽肉
全国总计	**8 537.8**	**5 299.1**	**716.8**	**459.4**	**1 888.2**
北 京	30.4	21.8	1.4	1.2	5.9
天 津	45.5	29.2	3.5	1.6	11.2
河 北	457.7	265.4	54.3	32.4	90.5
山 西	84.4	57.5	5.9	7.4	12.5
内蒙古	258.9	72.1	55.6	99.0	21.5
辽 宁	430.9	219.2	41.6	8.7	156.8
吉 林	260.4	130.6	47.1	4.8	73.1
黑龙江	231.2	138.2	42.5	12.8	36.0
上 海	17.4	13.5	0.1	0.5	2.6
江 苏	355.6	216.4	3.1	8.3	118.1
浙 江	118.1	90.7	1.3	1.9	23.2
安 徽	411.4	244.9	16.5	17.3	131.7
福 建	225.6	136.0	3.2	2.5	80.5
江 西	330.9	242.9	14.4	1.3	70.4
山 东	777.5	383.5	67.0	38.4	275.8
河 南	697.0	450.6	83.0	26.4	122.5
湖 北	425.2	322.2	23.2	8.9	69.9
湖 南	529.8	434.8	20.4	12.0	59.9
广 东	415.5	264.4	7.1	0.9	135.1
广 西	411.2	249.8	14.7	3.3	135.0
海 南	76.3	42.9	2.6	1.1	26.7
重 庆	210.8	151.3	9.2	4.1	38.4
四 川	696.3	494.5	36.9	26.9	102.0
贵 州	199.3	155.0	17.9	4.5	17.7
云 南	375.6	283.7	35.2	15.1	38.8
西 藏	27.7	1.5	16.2	8.2	0.2
陕 西	111.7	85.9	8.0	8.0	8.5
甘 肃	97.3	49.0	20.0	21.1	5.0
青 海	36.0	10.5	12.2	12.0	0.8
宁 夏	30.9	7.5	10.4	10.5	2.1
新 疆	161.0	33.9	42.5	58.3	15.9

3-9 各地区羊毛、羊绒产量

单位：吨

地 区	山羊粗毛产量	绵羊毛产量			羊绒产量
			细羊毛	半细羊毛	
全国总计	**36 389.1**	**427 237.3**	**133 906.7**	**147 409.7**	**19 215.8**
北 京	55.8	104.4	11.1	18.9	33.3
天 津	3.1	412.2	89.7	322.5	1.0
河 北	3 088.0	35 272.0	7 094.0	22 909.0	918.0
山 西	1 637.6	8 979.4	2 775.2	4 525.5	1 246.9
内 蒙 古	10 192.9	132 925.4	71 776.7	27 652.0	8 498.2
辽 宁	1 340.8	9 276.6	1 968.8	6 668.5	1 016.9
吉 林	629.2	15 645.0	8 011.4	7 617.6	143.8
黑 龙 江	1 786.0	27 417.0	3 561.0	23 856.0	270.0
上 海	100.0	3.6			
江 苏	11.4	348.0	80.1	267.9	
浙 江	454.4	1 950.7		1 950.7	
安 徽	60.0	216.0	94.0	122.0	10.0
福 建					
江 西					
山 东	3 339.4	8 334.6	1 946.9	5 007.7	737.8
河 南	2 950.9	5 713.4	627.8	3 357.6	706.1
湖 北	105.0	8.0		5.0	
湖 南	4.0				2.0
广 东	3.0				
广 西					
海 南					
重 庆		4.0		4.0	
四 川	593.0	6 422.0	1 938.0	3 491.0	144.0
贵 州	78.3	589.5	154.3	435.2	9.1
云 南	96.0	1 411.0	235.0	895.0	13.0
西 藏	834.3	7 771.3	788.3	2 609.5	971.1
陕 西	2 326.0	5 015.7	1 805.4	2 562.8	1 886.7
甘 肃	1 986.0	29 828.0	10 147.0	6 823.0	463.0
青 海	872.0	17 506.0	2 062.0	6 787.0	435.0
宁 夏	784.0	10 878.0	3 812.0	3 012.0	589.0
新 疆	3 058.0	101 205.5	14 928.0	16 509.2	1 120.8

3-10 各地区其他畜产品产量

单位：万吨

地区	奶类产量	牛奶产量	禽蛋产量	蜂蜜产量
全国总计	**3 712.1**	**3 602.2**	**3 094.9**	**48.1**
北京	45.7	45.7	18.3	0.2
天津	68.0	68.0	20.6	
河北	448.0	440.5	388.5	1.4
山西	95.9	95.1	89.0	0.5
内蒙古	741.3	734.1	58.0	0.5
辽宁	144.2	143.1	287.6	0.2
吉林	53.4	52.8	114.4	1.5
黑龙江	548.6	545.9	106.3	2.1
上海	26.0	26.0	3.5	0.1
江苏	59.0	59.0	198.5	0.4
浙江	15.3	15.3	30.8	9.2
安徽	32.7	32.7	139.5	1.7
福建	15.9	15.4	27.8	1.4
江西	13.5	13.5	51.7	1.6
山东	276.8	268.4	440.6	0.6
河南	336.6	326.8	422.5	8.8
湖北	16.9	16.9	167.8	2.4
湖南	10.1	10.1	104.7	1.3
广东	13.0	12.9	33.3	2.1
广西	9.7	9.7	23.1	1.4
海南	0.2	0.2	4.8	0.1
重庆	5.5	5.5	47.4	2.0
四川	62.8	62.8	148.1	4.9
贵州	6.4	6.4	18.3	0.3
云南	64.1	56.9	26.4	1.1
西藏	34.7	29.7	0.5	
陕西	189.1	140.2	59.3	0.7
甘肃	40.7	40.0	15.1	0.2
青海	34.2	33.0	2.4	0.2
宁夏	139.5	139.5	9.7	0.1
新疆	164.4	156.1	36.1	1.0

四、畜牧专业统计

4-1 全国种畜禽场、站情况

单位：个、头、只、套、箱、枚、万份

指标名称	场数	年末存栏	能繁母畜	当年出场种畜禽	当年生产胚胎	当年生产精液
一、种畜禽场总数	11 933					
（一）种牛场	698	1 361 215	621 613	81 260	63 333	
1. 种奶牛场	370	1 023 188	421 589	39 099	36 177	
2. 种肉牛场	280	167 016	100 094	28 522	20 929	
3. 种水牛场	14	5 243	2 592	875	3 347	
4. 种牦牛场	34	165 768	97 338	12 764	2 880	
（二）种马场	28	7 910	3 738	511		
（三）种猪场	5 711	21 377 012	4 635 684	20 288 392		
（四）种羊场	1 885	4 075 877	2 484 715	1 232 194	191 712	
1. 种绵羊场	1 015	3 176 426	1 970 326	818 180	125 524	
其中：种细毛羊场	164	426 710	246 995	86 526	4 508	
2. 种山羊场	870	899 451	514 389	414 014	66 188	
其中：种绒山羊场	181	241 035	161 677	74 663	3 128	
（五）种禽场	3 125					
1. 种蛋鸡场	862	53 984 290				
其中：祖代及以上蛋鸡场	80	4 269 478		62 579 422		
父母代蛋鸡场	782	49 714 812				
2. 种肉鸡场	1 469	95 512 557				
其中：祖代及以上肉鸡场	143	7 818 106		60 229 772		
父母代肉鸡场	1 326	87 694 451				
3. 种鸭场	546	21 078 382				
4. 种鹅场	248	2 849 277				
（六）种兔场	264	4 788 511				
（七）种蜂场	68	197 511				
（八）其他	154					
二、种畜站总数	2 113					
1. 种公牛站	45	5 496				3 127.5
2. 种公羊站	18	423				4.6
3. 种公猪站	2 050	111 890				5 381.9

4-2　全国畜牧技术机构基本情况

项　　目	单位	畜牧站	家畜繁育改良站	草原工作站	饲料监察所
一、省级机构数	个	32	14	27	26
在编干部职工人数	人	1 318	560	767	663
其中按职称分					
高级技术职称	人	414	187	262	245
中级技术职称	人	331	159	171	155
初级技术职称	人	211	73	100	73
其中按学历分					
研究生	人	252	80	115	148
大学本科	人	626	282	450	375
大学专科	人	199	102	114	76
中专	人	31	25	24	22
离退休人员	人	788	336	387	259
二、地（市）级机构数	个	295	69	142	83
在编干部职工总数	人	4 858	1 567	1 539	872
其中按职称分					
高级技术职称	人	1 127	284	322	145
中级技术职称	人	1 366	287	439	220
初级技术职称	人	886	236	250	138

4-2 续表

项　　目	单位	畜牧站	家畜繁育改良站	草原工作站	饲料监察所
其中按学历分					
研究生	人	531	102	110	109
大学本科	人	2 369	492	676	412
大学专科	人	926	284	369	139
中专	人	342	160	142	48
离退休人员	人	2 555	1 178	695	251
三、县（市）级机构数	个	2 846	775	917	666
在编干部职工总数	人	47 047	6 537	7 597	5 804
其中按职称分					
高级技术职称	人	5 795	872	939	477
中级技术职称	人	14 214	2 104	2 388	1 997
初级技术职称	人	13 021	1 736	2 021	1 801
其中按学历分					
研究生	人	1 195	90	106	69
大学本科	人	15 419	1 781	2 502	1 506
大学专科	人	16 230	2 180	2 831	2 125
中专	人	8 375	1 265	1 193	1 202
离退休人员	人	20 216	2 948	2 657	878

4－3 全国乡镇畜牧兽医站基本情况

项 目	单位	数量
一、站数	个	31 349
二、职工总数	人	182 947
在编人数	人	136 404
其中：按职称分		
高级技术职称	人	6 411
中级技术职称	人	40 338
初级技术职称	人	56 020
技术员	人	27 469
其中：按学历分		
研究生	人	780
大学本科	人	27 120
大学专科	人	59 063
中专	人	37 871
三、离退休人员	人	67 102
四、经营情况		
盈余站数	个	3 390
盈余金额	万元	7 396.9
亏损站数	个	3 034
亏损金额	万元	18 271.3
五、全年总收入	万元	789 411.5
其中：经营服务收入	万元	76 817.5
六、全年总支出	万元	800 285.8
其中：工资总额	万元	606 696.3

4-4 全国牧区县、半牧区县畜牧生产情况

项　目	单位	牧区县	半牧区县
一、基本情况			
牧业人口数	万人	390.7	1 382.6
人均纯收入	元/人	8 462.6	8 826.5
其中：牧业收入	元/人	5 615.9	3 505.6
牧户数	户	1 021 070	3 474 739
其中：定居牧户	户	874 234	3 164 939
二、畜禽饲养情况			
大牲畜年末存栏	头	15 910 018	18 966 189
其中：牛年末存栏	头	14 059 239	15 286 027
其中：能繁母牛存栏	头	7 090 768	7 688 928
当年成活犊牛	头	3 993 044	4 252 584
牦牛年末存栏	头	9 906 385	3 181 319
绵羊年末存栏	只	39 963 496	53 612 791
其中：能繁母羊存栏	只	26 639 693	33 360 929
当年生存栏羔羊	只	10 043 402	14 888 821
细毛羊	只	3 842 159	20 043 712
半细毛羊	只	8 237 637	10 767 341
山羊年末存栏	只	10 791 274	19 263 071
其中：绒山羊	只	8 743 998	13 758 312
三、畜产品产量与出栏情况			
肉类总产量	吨	1 398 556	5 706 364
其中：牛肉产量	吨	562 695	1 017 219
猪肉产量	吨	147 897	2 768 095

4-4 续表

项　　目	单位	牧区县	半牧区县
羊肉产量	吨	610 665	972 500
奶产量	吨	2 362 404	5 732 612
毛产量	吨	83 173	172 721
其中：山羊绒产量	吨	4 477	5 212
山羊毛产量	吨	3 496	11 022
绵羊毛产量	吨	75 200	156 487
其中：细羊毛产量	吨	17 287	74 983
半细羊毛产量	吨	15 026	34 526
牛皮产量	万张	419.0	484.6
羊皮产量	万张	3 118.1	4 343.3
牛出栏	头	4 716 283	7 018 302
羊出栏	头	34 592 470	60 154 430
四、畜产品出售情况			
出售肉类总产量	吨	1 142 419	4 610 162
其中：牛肉产量	吨	486 509	863 534
猪肉产量	吨	120 612	2 227 827
羊肉产量	吨	499 179	789 575
出售奶总量	吨	1 790 501	4 587 272
出售羊绒总量	吨	4 205	4 974
出售羊毛总量	吨	71 158	145 874

4－5　全国生猪饲养规模比重变化情况

单位：%

项　　目	2016 年	2015 年
年出栏 1～49 头	26.2	28.0
年出栏 50 头以上	73.8	72.0
年出栏 100 头以上	63.0	61.3
年出栏 500 头以上	44.9	43.3
年出栏 1 000 头以上	32.6	31.0
年出栏 3 000 头以上	21.2	20.0
年出栏 5 000 头以上	15.8	14.8
年出栏 10 000 头以上	10.7	9.8
年出栏 50 000 头以上	3.0	2.4

注：此表比重指不同规模年出栏数占全部出栏数比重。

4－6　全国蛋鸡饲养规模比重变化情况

单位：%

项　　目	2016 年	2015 年
年存栏 1～499 只	17.1	18.3
年存栏 500 只以上	82.9	81.7
年存栏 2 000 只以上	71.6	69.5
年存栏 10 000 只以上	40.7	37.2
年存栏 50 000 只以上	13.4	11.9
年存栏 100 000 只以上	7.5	6.4
年存栏 500 000 只以上	1.6	1.1

注：此表比重指不同规模年存栏数占全部存栏数比重。

4-7 全国肉鸡饲养规模比重变化情况

单位：%

项　目	2016年	2015年
年出栏 1～1 999 只	13.0	13.6
年出栏 2 000 只以上	87.0	86.4
年出栏 10 000 只以上	76.6	74.8
年出栏 30 000 只以上	61.1	57.6
年出栏 50 000 只以上	49.6	45.5
年出栏 100 000 只以上	36.4	33.4
年出栏 500 000 只以上	23.4	21.6
年出栏 100 万只以上	17.4	15.8

注：此表比重指不同规模年出栏数占全部出栏数比重。

4-8 全国奶牛饲养规模比重变化情况

单位：%

项　目	2016年	2015年
年存栏 1～4 头	19.0	20.3
年存栏 5 头以上	81.0	79.7
年存栏 10 头以上	72.5	70.5
年存栏 20 头以上	65.7	62.5
年存栏 50 头以上	58.1	54.3
年存栏 100 头以上	52.3	48.3
年存栏 200 头以上	46.7	42.3
年存栏 500 头以上	38.5	34.0
年存栏 1 000 头以上	28.2	23.6

注：此表比重指不同规模年存栏数占全部存栏数比重。

4-9 全国肉牛饲养规模比重变化情况

单位：%

项　目	2016年	2015年
年出栏1～9头	53.4	53.9
年出栏10头以上	46.6	46.1
年出栏50头以上	28.0	27.8
年出栏100头以上	17.5	17.7
年出栏500头以上	7.5	7.4
年出栏1 000头以上	3.6	3.6

注：1. 此表比重指不同规模年出栏数占全部出栏数比重。
2. 部分省份因数据衔接，调整了2015年数据，因此，2015年全国肉牛比重数据有调整。

4-10 全国羊饲养规模比重变化情况

单位：%

项　目	2016年	2015年
年出栏1～29只	37.3	38.7
年出栏30只以上	62.7	61.3
年出栏100只以上	37.9	36.7
年出栏200只以上	25.3	24.5
年出栏500只以上	13.7	12.9
年出栏1 000只以上	6.9	6.4
年出栏3 000只以上	2.7	2.2

注：此表比重指不同规模年出栏数占全部出栏数比重。

4-11 各地区种畜站当年生产精液情况

单位：万份

地 区	种公牛站	种公羊站	种公猪站
全国总计	**3 127.5**	**4.6**	**5 381.9**
北 京	309.7	0.0	45.1
天 津	40.0	0.0	115.9
河 北	291.2	0.8	267.1
山 西	0.0	0.8	0.6
内蒙古	353.2	0.0	18.4
辽 宁	242.0	0.0	230.4
吉 林	454.2	0.0	176.8
黑龙江	249.2	0.0	313.6
上 海	104.3	0.0	7.4
江 苏	42.3	0.0	375.3
浙 江	0.0	0.0	121.2
安 徽	40.0	0.0	277.5
福 建	0.0	0.0	30.6
江 西	5.6	0.0	123.7
山 东	275.0	0.0	483.6
河 南	525.0	0.0	607.6
湖 北	0.0	0.0	0.0
湖 南	0.0	3.0	475.6
广 东	0.0	0.0	130.1
广 西	51.0	0.0	52.2
海 南	0.0	0.0	56.7
重 庆	0.0	0.0	174.7
四 川	42.0	0.0	636.8
贵 州	0.0	0.0	32.8
云 南	0.0	0.0	509.8
西 藏	0.8	0.0	0.0
陕 西	57.0	0.0	103.5
甘 肃	0.0	0.0	2.7
青 海	45.0	0.0	0.0
宁 夏	0.0	0.0	12.4
新 疆	0.0	0.0	0.0

4-12 各地区种畜禽场、站个数

单位：个

地区	种畜禽场总数	种牛场					种马场	种猪场
			种奶牛场	种肉牛场	种水牛场	种牦牛场		
全国总计	**11 933**	**698**	**370**	**280**	**14**	**34**	**28**	**5 711**
北京	157	14	12	2	0	0	3	86
天津	32	1	1	0	0	0	1	16
河北	373	4	2	2	0	0	0	170
山西	303	24	11	13	0	0	2	144
内蒙古	556	52	18	34	0	0	7	80
辽宁	655	73	66	7	0	0	1	284
吉林	456	8	1	7	0	0	2	257
黑龙江	392	14	11	3	0	0	0	262
上海	64	0	0	0	0	0	0	22
江苏	301	4	1	1	2	0	0	100
浙江	220	3	1	1	1	0	0	47
安徽	874	127	81	44	2	0	0	328
福建	481	24	22	1	1	0	1	309
江西	330	4	0	4	0	0	0	237
山东	887	50	40	10	0	0	3	260
河南	403	13	9	4	0	0	0	187
湖北	427	15	0	15	0	0	0	266
湖南	490	17	2	14	1	0	0	316
广东	766	9	2	7	0	0	0	494
广西	340	6	2	3	1	0	1	193
海南	365	9	2	6	1	0	0	194
重庆	268	8	4	3	1	0	0	119
四川	917	33	7	15	0	11	0	494
贵州	151	14	1	13	0	0	0	71
云南	450	14	0	10	4	0		244
西藏	21	8	6	0	0	2	0	1
陕西	478	34	23	11	0	0	2	295
甘肃	480	71	30	38	0	3	1	175
青海	64	19	1	1	0	17	1	9
宁夏	32	1	1	0	0	0	0	13
新疆	200	25	13	11	0	1	3	38

4－12　续表 1

单位：个

地　区	种羊场	种绵羊场	种细毛羊场	种山羊场	种绒山羊场	种禽场	种蛋鸡场
全国总计	**1 885**	**1 015**	**164**	**870**	**181**	**3 125**	**862**
北　京	3	3	0	0	0	51	26
天　津	2	2	0	0	0	10	8
河　北	65	39	4	26	24	126	75
山　西	68	45	3	23	13	56	23
内蒙古	390	338	55	52	36	25	11
辽　宁	53	10	2	43	39	235	43
吉　林	31	28	20	3	3	142	39
黑龙江	15	13	4	2	0	97	46
上　海	4	2	0	2	0	10	6
江　苏	13	4	0	9	0	164	46
浙　江	39	36	0	3	0	95	15
安　徽	98	25	1	73	0	284	59
福　建	13	0	0	13	2	122	8
江　西	8	1	0	7	0	73	17
山　东	76	37	0	39	4	453	115
河　南	65	50	3	15	1	127	53
湖　北	53	5	0	48	0	86	33
湖　南	34	0	0	34	0	110	51
广　东	8	0	0	8	0	231	20
广　西	16	0	0	16	0	119	4
海　南	30	0	0	30	0	128	8
重　庆	79	0	0	79	4	42	15
四　川	122	8	0	114	2	129	34
贵　州	44	16	0	28	0	19	8
云　南	135	14	2	121	0	53	14
西　藏	8	4	0	4	2	4	2
陕　西	74	17	4	57	36	67	41
甘　肃	195	187	49	8	6	30	21
青　海	29	27	3	2	2	2	1
宁　夏	9	7	0	2	0	9	6
新　疆	106	97	14	9	7	26	14

4-12 续表 2

单位：个

地 区	祖代及以上蛋鸡场	父母代蛋鸡场	种肉鸡场	祖代及以上肉鸡场	父母代肉鸡场	种鸭场	种鹅场
全国总计	**80**	**782**	**1 469**	**143**	**1 326**	**546**	**248**
北 京	7	19	23	8	15	2	0
天 津	0	8	2	0	2	0	0
河 北	5	70	39	7	32	12	0
山 西	1	22	30	1	29	3	0
内 蒙 古	1	10	9	3	6	3	2
辽 宁	2	41	177	4	173	12	3
吉 林	7	32	97	3	94	2	4
黑 龙 江	2	44	39	1	38	3	9
上 海	0	6	3	1	2	1	0
江 苏	6	40	72	10	62	33	13
浙 江	4	11	35	7	28	26	19
安 徽	9	50	103	8	95	61	61
福 建	0	8	97	12	85	13	4
江 西	2	15	14	4	10	24	18
山 东	8	107	193	7	186	137	8
河 南	4	49	57	7	50	14	3
湖 北	2	31	29	2	27	17	7
湖 南	6	45	33	5	28	12	14
广 东	3	17	113	15	98	52	46
广 西	0	4	90	2	88	21	4
海 南	0	8	48	6	42	59	13
重 庆	0	15	22	3	19	4	1
四 川	3	31	52	5	47	29	14
贵 州	1	7	11	3	8	0	0
云 南	0	14	33	16	17	2	4
西 藏	0	2	2	0	2	0	0
陕 西	2	39	22	3	19	4	0
甘 肃	3	18	9	0	9	0	0
青 海	0	1	1	0	1	0	0
宁 夏	1	5	3	0	3	0	0
新 疆	1	13	11	0	11	0	1

4－12 续表3

单位：个

地区	种兔场	种蜂场	其他	种畜站总数	种公牛站	种公羊站	种公猪站
全国总计	**264**	**68**	**154**	**2 113**	**45**	**18**	**2 050**
北京	0	0	0	3	1	0	2
天津	1	0	1	12	1	0	11
河北	4	1	3	34	3	1	30
山西	3	4	2	14	1	1	12
内蒙古	1	0	1	18	5	4	9
辽宁	4	1	4	98	2	0	96
吉林	2	1	13	87	4	4	79
黑龙江	2	0	2	100	3	0	97
上海	1	0	27	4	2	0	2
江苏	4	0	16	70	2	0	68
浙江	13	14	9	42	0	0	42
安徽	12	4	21	40	1	0	39
福建	9	0	3	11	0	0	11
江西	4	2	2	22	1	0	21
山东	22	10	13	75	3	0	72
河南	4	0	7	113	4	0	109
湖北	4	3	0	1	1	0	0
湖南	5	5	3	183	1	2	180
广东	4	2	18	22	0	0	22
广西	4	0	1	6	1	0	5
海南	0	0	4	31	0	0	31
重庆	8	12	0	89	0	0	89
四川	133	4	2	458	1	6	451
贵州	3	0	0	4	0	0	4
云南	4		0	543	2	0	541
西藏	0	0	0	1	1	0	0
陕西	5	0	1	25	2	0	23
甘肃	7	1	0	3	1	0	2
青海	1	3	0	1	1	0	0
宁夏	0	0	0	2	0	0	2
新疆	0	1	1	1	1	0	0

4-13 各地区种畜禽场、站年末存栏情况

单位：个、头、只、套、箱

地区	种牛场					种马场
		种奶牛场	种肉牛场	种水牛场	种牦牛场	
全国总计	**1 361 215**	**1 023 188**	**167 016**	**5 243**	**165 768**	**7 910**
北京	18 932	17 792	1 140	0	0	980
天津	3 200	3 200	0	0	0	118
河北	3 231	1 822	1 409	0	0	0
山西	46 151	39 721	6 430	0	0	0
内蒙古	96 034	77 183	18 851	0	0	1 405
辽宁	142 554	140 129	2 425	0	0	12
吉林	21 099	11 880	9 219	0	0	85
黑龙江	25 932	19 576	6 356	0	0	0
上海	0	0	0	0	0	0
江苏	3 100	2 516	260	324	0	0
浙江	3 388	3 000	250	138	0	0
安徽	24 555	13 044	10 820	691	0	0
福建	26 186	24 206	1 860	120	0	74
江西	2 370	0	2 370	0	0	0
山东	502 948	499 123	3 825	0	0	366
河南	27 689	25 782	1 907	0	0	0
湖北	10 044	0	9 724	320	0	0
湖南	9 748	1 344	7 007	1 397	0	0
广东	4 855	2 537	2 318	0	0	0
广西	1 563	100	445	1 018	0	150
海南	5 172	787	4 133	252	0	0
重庆	5 005	3 551	1 423	31	0	0
四川	44 309	8 430	4 642	0	31 237	0
贵州	8 186	3 451	4 735	0	0	0
云南	7 417	0	6 465	952	0	0
西藏	4 670	4 500	0	0	170	0
陕西	55 441	40 713	14 728	0	0	137
甘肃	68 678	31 415	28 687	0	8 576	1 852
青海	122 992	2 636	420	0	119 936	50
宁夏	0	0	0	0	0	0
新疆	65 766	44 750	15 167	0	5 849	2 681

4－13 续表 1

单位：个、头、只、套、箱

地区	种猪场	种羊场	种绵羊场	种细毛羊场	种山羊场	种绒山羊场
全国总计	**21 377 012**	**4 075 877**	**3 176 426**	**426 710**	**899 451**	**241 035**
北京	366 609	4 185	4 185	0	0	0
天津	157 394	45 398	45 398	0	0	0
河北	1 118 916	92 237	73 476	2 340	18 761	16 849
山西	635 627	73 240	52 826	1 567	20 414	7 398
内蒙古	235 439	791 080	708 887	91 052	82 193	67 107
辽宁	283 578	37 139	10 490	2 123	26 649	22 969
吉林	623 753	52 503	42 955	27 967	9 548	9 548
黑龙江	549 201	20 947	18 577	3 431	2 370	0
上海	21 632	3 549	2 312	0	1 237	0
江苏	550 839	17 410	8 910	0	8 500	0
浙江	245 432	88 751	88 111	0	640	0
安徽	770 196	170 850	40 342	2 500	130 508	0
福建	1 430 729	9 007	0	0	9 007	4 235
江西	600 531	5 823	1 628	0	4 195	0
山东	981 107	142 408	113 546	0	28 862	3 583
河南	2 653 038	194 098	172 344	17 892	21 754	4 000
湖北	1 189 388	99 726	5 997	0	93 729	0
湖南	1 714 092	20 388	0	0	20 388	0
广东	2 112 020	12 126	0	0	12 126	0
广西	864 261	21 338	0	0	21 338	0
海南	529 023	16 671	0	0	16 671	0
重庆	246 153	31 302	0	0	31 302	0
四川	1 127 604	129 295	6 326	0	122 969	0
贵州	312 913	56 310	26 321	0	29 989	0
云南	408 923	69 607	10 088	1 485	59 519	0
西藏	0	8 809	5 800	0	3 009	1 299
陕西	981 173	52 787	15 980	1 793	36 807	23 099
甘肃	332 311	319 249	314 817	64 671	4 432	3 280
青海	24 233	154 158	144 858	23 710	9 300	9 300
宁夏	13 884	24 391	21 195	0	3 196	0
新疆	297 013	1 311 095	1 241 057	186 179	70 038	68 368

4-13　续表 2

单位：个、头、只、套、箱

地区	种蛋鸡场	祖代及以上蛋鸡场	父母代蛋鸡场	种肉鸡场	祖代及以上肉鸡场	父母代肉鸡场
全国总计	**53 984 290**	**4 269 478**	**49 714 812**	**95 512 557**	**7 818 106**	**87 694 451**
北京	2 120 010	401 600	1 718 410	1 117 527	389 065	728 462
天津	397 618	0	397 618	62 400	0	62 400
河北	4 514 246	395 008	4 119 238	2 654 700	259 000	2 395 700
山西	1 213 000	70 000	1 143 000	1 976 600	4 600	1 972 000
内蒙古	11 135 496	24 500	11 110 996	691 187	151 287	539 900
辽宁	1 489 994	105 000	1 384 994	7 603 818	63 400	7 540 418
吉林	964 400	136 700	827 700	3 923 411	98 000	3 825 411
黑龙江	1 344 318	94 100	1 250 218	1 093 576	35 340	1 058 236
上海	97 647	0	97 647	86 800	1 800	85 000
江苏	2 024 131	373 230	1 650 901	3 257 671	363 800	2 893 871
浙江	618 100	145 100	473 000	1 911 150	148 628	1 762 522
安徽	2 522 062	619 430	1 902 632	4 306 646	465 050	3 841 596
福建	486 899	0	486 899	9 703 084	157 360	9 545 724
江西	770 185	33 015	737 170	641 508	41 633	599 875
山东	4 442 958	174 000	4 268 958	17 261 943	1 018 922	16 243 021
河南	7 733 997	687 912	7 046 085	7 209 650	1 605 393	5 604 257
湖北	1 891 937	16 812	1 875 125	2 592 216	283 400	2 308 816
湖南	979 200	249 717	729 483	2 395 490	120 551	2 274 939
广东	899 502	170 000	729 502	10 127 874	1 670 620	8 457 254
广西	35 216	0	35 216	8 919 379	130 000	8 789 379
海南	464 862	0	464 862	1 406 131	160 860	1 245 271
重庆	437 650	0	437 650	605 248	58 621	546 627
四川	1 813 025	310 226	1 502 799	2 256 603	193 048	2 063 555
贵州	179 840	19 180	160 660	723 492	255 230	468 262
云南	1 030 961	0	1 030 961	1 042 136	127 378	914 758
西藏	22 000	0	22 000	45 000	0	45 000
陕西	1 309 803	80 000	1 229 803	689 880	15 120	674 760
甘肃	419 527	72 848	346 679	505 432	0	505 432
青海	2 800	0	2 800	14 000	0	14 000
宁夏	2 190 506	71 100	2 119 406	360 005	0	360 005
新疆	432 400	20 000	412 400	328 000	0	328 000

4-13 续表 3

单位：个、头、只、套、箱

地 区	种鸭场	种鹅场	种兔场	种蜂场	种公牛站	种公羊站	种公猪站
全国总计	**21 078 382**	**2 849 277**	**4 788 511**	**197 511**	**5 496**	**423**	**111 890**
北 京	75 000	0	0	0	980	0	354
天 津	0	0	2 226	0	93	0	995
河 北	432 200	0	15 300	30 000	274	5	3 147
山 西	228 000	0	41 300	1 021	70	23	19 433
内 蒙 古	557 200	24 056	3 100 000	0	443	87	484
辽 宁	411 210	39 200	7 650	280	182	0	2 077
吉 林	25 000	100 860	55 580	200	386	70	3 331
黑 龙 江	112 892	144 752	15 900	0	359	0	8 226
上 海	50 000	0	4 800	0	164	0	259
江 苏	2 046 650	245 600	13 500	0	396	0	3 625
浙 江	470 382	203 707	199 010	3 581	0	0	1 992
安 徽	3 057 530	194 440	14 380	36 850	62	0	3 357
福 建	111 188	51 038	67 292	0	0	0	468
江 西	589 930	57 776	15 490	1 410	65	0	2 140
山 东	7 815 854	74 640	331 840	8 357	359	0	14 088
河 南	873 740	15 138	75 000	0	655	0	17 523
湖 北	468 520	47 240	23 750	35 109	52	0	0
湖 南	201 445	1 081 180	51 147	5 130	48	12	7 375
广 东	406 889	180 419	17 007	250	0	0	1 958
广 西	2 105 539	11 647	10 131	0	89	0	567
海 南	268 381	96 024	0	0	0	0	781
重 庆	102 980	15 000	25 452	3 360	0	0	2 286
四 川	444 852	67 746	519 056	8 434	81	226	6 921
贵 州	0	0	13 797	0	0	0	444
云 南	1 000	192 014	88 175	0	121	0	7 980
西 藏	0	0	0	0	74	0	0
陕 西	222 000	0	22 800	50	130	0	1 855
甘 肃	0	0	35 628	21 000	58	0	107
青 海	0	0	22 300	529	71	0	0
宁 夏	0	0	0	0	0	0	117
新 疆	0	6 800	0	41 950	284	0	0

4-14 各地区种畜禽场能繁母畜存栏情况

单位：头、只

地区	种牛场					种马场
		种奶牛场	种肉牛场	种水牛场	种牦牛场	
全国总计	**621 613**	**421 589**	**100 094**	**2 592**	**97 338**	**3 738**
北　京	11 810	11 155	655	0	0	468
天　津	1 897	1 897	0	0	0	39
河　北	2 308	1 359	949	0	0	0
山　西	32 406	27 707	4 699	0	0	0
内蒙古	63 311	49 674	13 637	0	0	764
辽　宁	97 316	96 311	1 005	0	0	11
吉　林	11 975	5 465	6 510	0	0	36
黑龙江	12 523	9 177	3 346	0	0	0
上　海	0	0	0	0	0	0
江　苏	2 475	2 000	210	265	0	0
浙　江	1 710	1 500	130	80	0	0
安　徽	6 145	4 420	1 659	66	0	0
福　建	14 609	14 129	410	70	0	56
江　西	1 110	0	1 110	0	0	0
山　东	93 622	90 940	2 682	0	0	203
河　南	16 049	14 859	1 190	0	0	0
湖　北	7 127	0	6 965	162	0	0
湖　南	6 167	1 008	4 419	740	0	0
广　东	2 416	1 366	1 050	0	0	0
广　西	790	60	229	501	0	68
海　南	3 230	418	2 626	186	0	0
重　庆	3 030	1 911	1 090	29	0	0
四　川	25 646	6 222	3 282	0	16 142	0
贵　州	5 490	1 925	3 565	0	0	0
云　南	4 247	0	3 754	493	0	0
西　藏	4 100	4 000	0	0	100	0
陕　西	31 664	24 260	7 404	0	0	83
甘　肃	44 358	21 718	18 678	0	3 962	369
青　海	76 174	1 745	216	0	74 213	38
宁　夏	0	0	0	0	0	0
新　疆	37 908	26 363	8 624	0	2 921	1 603

4-14 续表

单位：头、只

地区	种猪场	种羊场	种绵羊场	种细毛羊场	种山羊场	种绒山羊场
全国总计	**4 635 684**	**2 484 715**	**1 970 326**	**246 995**	**514 389**	**161 677**
北京	55 170	1 820	1 820	0	0	0
天津	20 670	23 057	23 057	0	0	0
河北	174 464	48 430	38 243	1 050	10 187	9 564
山西	111 935	42 364	31 234	1 058	11 130	4 153
内蒙古	78 527	507 263	455 895	60 153	51 368	45 911
辽宁	129 372	24 042	6 994	1 760	17 048	13 783
吉林	169 189	31 879	28 221	18 436	3 658	3 658
黑龙江	113 303	11 831	10 951	2 059	880	0
上海	17 556	2 840	2 218	0	622	0
江苏	230 525	11 623	5 795	0	5 828	0
浙江	38 638	42 114	41 687	0	427	0
安徽	188 659	98 897	24 876	2 010	74 021	0
福建	217 271	6 084	0	0	6 084	3 365
江西	195 347	4 006	1 368	0	2 638	0
山东	247 788	85 221	67 996	0	17 225	2 248
河南	415 302	91 175	81 015	7 409	10 160	2 286
湖北	218 066	45 689	3 563	0	42 126	0
湖南	281 837	12 908	0	0	12 908	0
广东	448 223	8 060	0	0	8 060	0
广西	199 405	11 280	0	0	11 280	0
海南	127 914	10 748	0	0	10 748	0
重庆	78 042	22 183	0	0	22 183	0
四川	428 024	56 525	3 572	0	52 953	0
贵州	74 117	34 515	16 286	0	18 229	0
云南	95 234	38 869	5 995	639	32 874	0
西藏	0	5 379	3 600	0	1 779	829
陕西	144 416	33 077	9 607	1 110	23 470	14 042
甘肃	76 865	168 645	165 368	16 721	3 277	2 330
青海	5 114	91 985	85 985	15 718	6 000	6 000
宁夏	5 839	17 441	15 121	0	2 320	0
新疆	48 872	894 765	839 859	118 872	54 906	53 508

4-15　各地区种畜禽场当年出场种畜禽情况

单位：头、只、套

地　区	种牛场	种奶牛场	种肉牛场	种水牛场	种牦牛场	种马场	种猪场
全国总计	**81 260**	**39 099**	**28 522**	**875**	**12 764**	**511**	**20 288 392**
北　京	10	0	10	0	0	0	193 016
天　津	0	0	0	0	0	2	67 869
河　北	556	360	196	0	0	0	795 073
山　西	1 161	345	816	0	0	0	424 837
内蒙古	15 051	10 213	4 838	0	0	157	453 180
辽　宁	7 737	7 125	612	0	0	0	734 404
吉　林	1 683	0	1 683	0	0	5	485 676
黑龙江	1 217	1 125	92	0	0	0	478 821
上　海	0	0	0	0	0	0	62 081
江　苏	126	0	105	21	0	0	812 444
浙　江	530	500	0	30	0	0	106 963
安　徽	194	0	170	24	0	0	740 262
福　建	115	115	0	0	0	0	489 823
江　西	100	0	100	0	0	0	849 167
山　东	5 251	4 755	496	0	0	55	1 239 592
河　南	1 837	1 536	301	0	0	0	1 942 303
湖　北	2 812	0	2 731	81	0	0	929 429
湖　南	2 393	10	2 013	370	0	0	1 423 575
广　东	0	0	0	0	0	0	1 999 989
广　西	206	0	56	150	0	0	544 070
海　南	880	0	790	90	0	0	663 697
重　庆	653	305	339	9	0	0	244 695
四　川	4 199	150	974	0	3 075	0	2 811 312
贵　州	1 913	925	988	0	0	0	207 916
云　南	1 647	0	1 547	100	0	0	359 808
西　藏	1 175	1 100	0	0	75	0	0
陕　西	5 367	2 897	2 470	0	0	0	829 592
甘　肃	12 107	4 287	6 190	0	1 630	8	281 589
青　海	7 893	0	126	0	7 767	0	16 865
宁　夏	0	0	0	0	0	0	19 008
新　疆	4 447	3 351	879	0	217	284	81 336

4－15　续表

单位：头、只、套

地　区	种羊场	种绵羊场	种细毛羊场	种山羊场	种绒山羊场	祖代及以上蛋鸡场	祖代及以上肉鸡场
全国总计	**1 232 194**	**818 180**	**86 526**	**414 014**	**74 663**	**62 579 422**	**60 229 772**
北　京	1 130	1 130	0	0	0	10 379 000	1 900 000
天　津	4 663	4 663	0	0	0	0	0
河　北	52 233	44 403	600	7 830	6 839	2 247 482	1 463 000
山　西	32 977	25 267	150	7 710	3 858	0	50 000
内蒙古	228 240	199 794	35 443	28 446	26 951	46 500	3 820 000
辽　宁	16 004	5 187	291	10 817	7 548	595 000	1 732 000
吉　林	31 522	28 202	20 439	3 320	3 320	0	230 000
黑龙江	7 716	6 866	1 246	850	0	0	800 000
上　海	2 726	2 392	0	334	0	0	0
江　苏	5 561	5 156	0	405	0	7 900 000	4 575 000
浙　江	39 013	38 311	0	702	0	853 000	1 202 404
安　徽	76 905	23 737	1 500	53 168	0	1 380 000	276 120
福　建	4 243	0	0	4 243	2 810	0	42 360
江　西	4 732	1 754	0	2 978	0	1 248 367	1 123 254
山　东	82 517	66 735	0	15 782	1 571	5 075 000	20 614 000
河　南	73 290	58 954	3 963	14 336	2 057	27 250 644	3 856 955
湖　北	52 607	3 742	0	48 865	0	113 511	880 088
湖　南	18 149	0	0	18 149	0	210 000	1 050 000
广　东	7 771	0	0	7 771	0	897 218	8 757 400
广　西	7 971	0	0	7 971	0	0	37 333
海　南	7 386	0	0	7 386	0	0	639 494
重　庆	27 662	0	0	27 662	0	0	568 224
四　川	70 965	2 336	0	68 629	0	3 850 000	6 026 620
贵　州	23 058	8 039	0	15 019	0	283 700	52 660
云　南	32 941	3 748	473	29 193	0	0	304 900
西　藏	4 353	4 000	0	353	70	0	0
陕　西	30 866	5 573	506	25 293	15 501	0	227 960
甘　肃	175 013	171 677	11 591	3 336	1 460	50 000	0
青　海	12 641	12 581	1 570	60	60	0	0
宁　夏	12 110	11 590	0	520	0	0	0
新　疆	85 229	82 343	8 754	2 886	2 618	200 000	0

4-16 各地区种畜场当年生产胚胎情况

单位：枚

地区	种牛场	种奶牛场	种肉牛场	种水牛场	种牦牛场
全国总计	**63 333**	**36 177**	**20 929**	**3 347**	**2 880**
北京	0	0	0	0	0
天津	0	0	0	0	0
河北	28 053	26 000	2 053	0	0
山西	1 050	350	700	0	0
内蒙古	6 007	6 005	2	0	0
辽宁	0	0	0	0	0
吉林	0	0	0	0	0
黑龙江	0	0	0	0	0
上海	0	0	0	0	0
江苏	0	0	0	0	0
浙江	0	0	0	0	0
安徽	150	0	150	0	0
福建	210	210	0	0	0
江西	200	0	200	0	0
山东	0	0	0	0	0
河南	360	300	60	0	0
湖北	136	0	136	0	0
湖南	6 674	0	6 674	0	0
广东	728	728	0	0	0
广西	3 381	40	0	3 341	0
海南	8 523	0	8 523	0	0
重庆	401	399	2	0	0
四川	1 793	1 167	82	0	544
贵州	1 399	0	1 399	0	0
云南	553	0	547	6	0
西藏	0	0	0	0	0
陕西	944	943	1	0	0
甘肃	400	0	400	0	0
青海	652	0	0	0	652
宁夏	0	0	0	0	0
新疆	1 719	35	0	0	1 684

4-16 续表

单位：枚

地 区	种羊场	种绵羊场	种细毛羊场	种山羊场	种绒山羊场
全国总计	**191 712**	**125 524**	**4 508**	**66 188**	**3 128**
北 京	0	0	0	0	0
天 津	483	483	0	0	0
河 北	8 188	7 193	0	995	995
山 西	6 610	5 410	100	1 200	0
内蒙古	22 671	22 671	3 427	0	0
辽 宁	285	285	0	0	0
吉 林	0	0	0	0	0
黑龙江	0	0	0	0	0
上 海	0	0	0	0	0
江 苏	0	0	0	0	0
浙 江	4 915	4 915	0	0	0
安 徽	12 336	1 585	805	10 751	0
福 建	0	0	0	0	0
江 西	0	0	0	0	0
山 东	6 958	501	0	6 457	950
河 南	3	3	0	0	0
湖 北	7 733	1 150	0	6 583	0
湖 南	3 366	0	0	3 366	0
广 东	6 326	0	0	6 326	0
广 西	3 759	0	0	3 759	0
海 南	6 430	0	0	6 430	0
重 庆	2 161	0	0	2 161	0
四 川	7 467	425	0	7 042	0
贵 州	2 500	0	0	2 500	0
云 南	8 245	1 310	175	6 935	0
西 藏	0	0	0	0	0
陕 西	1 803	120	0	1 683	1 183
甘 肃	1 749	1 749	0	0	0
青 海	1	1	1	0	0
宁 夏	10 150	10 150	0	0	0
新 疆	67 573	67 573	0	0	0

4-17 各地区畜牧站基本情况

单位：个、人

地区	省级机构数	在编干部职工人数	按职称分		
			高级技术职称	中级技术职称	初级技术职称
全国总计	**32**	**1 318**	**414**	**331**	**211**
北京	1	69	19	30	19
天津	1	18	8	6	3
河北	1	48	20	18	3
山西	0	0	0	0	0
内蒙古	1	83	26	16	9
辽宁	1	25	0	0	0
吉林	1	19	7	6	1
黑龙江	1	19	9	3	3
上海	1	8	3	3	2
江苏	1	19	13	3	1
浙江	1	18	8	9	1
安徽	1	13	5	7	0
福建	1	22	10	4	4
江西	1	55	21	16	17
山东	1	30	10	10	7
河南	1	24	10	6	7
湖北	1	7	3	0	1
湖南	2	176	49	28	22
广东	1	20	9	3	5
广西	1	31	8	12	4
海南	1	16	4	3	2
重庆	1	46	16	8	3
四川	1	50	18	14	9
贵州	1	31	12	4	1
云南	0	0	0	0	0
西藏	1	62	14	13	15
陕西	1	52	16	23	6
甘肃	1	130	12	16	22
青海	2	109	29	37	20
宁夏	1	29	17	5	5
新疆	2	89	38	28	19

4-17 续表 1

单位：个、人

地　区	按学历分				离退休人员
	研究生	大学本科	大学专科	中专	
全国总计	**252**	**626**	**199**	**31**	**788**
北　京	29	25	11	0	21
天　津	2	12	4	0	3
河　北	1	41	1	2	5
山　西	0	0	0	0	0
内蒙古	7	30	14	0	32
辽　宁	7	14	4	0	16
吉　林	5	8	1	0	7
黑龙江	2	10	3	0	5
上　海	3	4	0	1	0
江　苏	6	7	3	1	16
浙　江	9	5	4	0	1
安　徽	4	5	4	0	3
福　建	11	3	3	1	14
江　西	16	17	6	1	74
山　东	11	8	6	2	7
河　南	5	15	3	1	10
湖　北	1	4	2	0	0
湖　南	16	80	26	10	85
广　东	9	6	2	0	11
广　西	4	21	2	2	10
海　南	3	8	5	0	0
重　庆	19	16	11	0	18
四　川	21	15	9	1	26
贵　州	7	12	2	1	41
云　南	0	0	0	0	0
西　藏	10	11	20	3	20
陕　西	8	32	9	0	81
甘　肃	10	68	9	3	113
青　海	15	68	14	1	88
宁　夏	3	21	5	0	16
新　疆	8	60	16	1	65

4-17 续表2

单位：个、人

地区	地（市）级机构数	在编干部职工人数	按职称分		
			高级技术职称	中级技术职称	初级技术职称
全国总计	**295**	**4 858**	**1 127**	**1 366**	**886**
北　京	0	0	0	0	0
天　津	0	0	0	0	0
河　北	13	279	78	74	66
山　西	6	98	11	15	12
内蒙古	11	328	88	74	54
辽　宁	11	86	16	19	19
吉　林	9	166	49	38	27
黑龙江	8	67	38	20	4
上　海	0	0	0	0	0
江　苏	13	177	84	47	28
浙　江	12	280	0	4	3
安　徽	18	201	44	63	42
福　建	9	70	14	12	9
江　西	8	130	39	40	23
山　东	15	212	57	72	41
河　南	16	229	58	70	35
湖　北	12	122	19	54	34
湖　南	12	96	14	27	12
广　东	10	166	12	49	37
广　西	12	92	16	41	23
海　南	1	5	1	2	2
重　庆	0	0	0	0	0
四　川	19	303	76	78	50
贵　州	8	75	23	27	12
云　南	15	277	89	113	48
西　藏	7	243	21	60	47
陕　西	10	300	48	72	80
甘　肃	12	250	67	94	47
青　海	8	211	55	77	53
宁　夏	4	43	20	11	4
新　疆	16	352	90	113	74

4－17　续表 3

单位：个、人

地　区	按学历分				离退休人员
	研究生	大学本科	大学专科	中专	
全国总计	**531**	**2 369**	**926**	**342**	**2 555**
北　京	0	0	0	0	0
天　津	0	0	0	0	0
河　北	19	110	48	5	109
山　西	6	71	16	1	99
内蒙古	36	145	72	26	270
辽　宁	9	57	11	8	69
吉　林	21	79	33	9	139
黑龙江	13	44	6	1	35
上　海	0	0	0	0	0
江　苏	37	93	18	1	103
浙　江	57	198	21	4	113
安　徽	17	74	43	16	61
福　建	9	41	14	4	24
江　西	13	77	20	10	46
山　东	27	124	32	11	56
河　南	11	93	67	17	99
湖　北	14	36	33	16	42
湖　南	4	41	15	11	9
广　东	17	72	40	14	78
广　西	10	49	11	4	46
海　南	0	2	3	0	0
重　庆	0	0	0	0	0
四　川	48	131	76	12	57
贵　州	12	35	9	1	30
云　南	30	135	62	16	137
西　藏	5	55	30	80	88
陕　西	36	131	54	28	392
甘　肃	26	117	72	17	108
青　海	4	146	42	18	148
宁　夏	4	22	4	3	7
新　疆	46	191	74	9	190

4-17　续表 4

单位：个、人

地　区	县（市）级机构数	在编干部职工人数	按职称分		
			高级技术职称	中级技术职称	初级技术职称
全国总计	**2 846**	**47 047**	**5 795**	**14 214**	**13 021**
北　京	14	515	23	108	128
天　津	12	365	53	136	139
河　北	174	3 248	442	1 022	999
山　西	99	1 141	54	304	344
内蒙古	92	1 786	218	575	449
辽　宁	68	950	131	376	255
吉　林	68	1 841	321	521	537
黑龙江	124	910	273	363	184
上　海	10	236	53	68	94
江　苏	100	1 552	515	581	322
浙　江	91	1 919	83	336	261
安　徽	108	1 524	284	507	469
福　建	81	354	77	118	102
江　西	99	1 211	196	420	397
山　东	137	2 948	258	914	1 027
河　南	133	4 514	290	827	954
湖　北	110	1 633	93	610	573
湖　南	133	2 239	121	598	643
广　东	111	1 452	43	274	456
广　西	92	597	22	267	193
海　南	9	135	2	46	38
重　庆	38	605	153	218	89
四　川	166	2 822	272	876	930
贵　州	66	459	54	214	142
云　南	123	2 192	694	924	376
西　藏	74	810	30	140	290
陕　西	110	2 733	249	728	756
甘　肃	88	2 459	248	735	748
青　海	42	802	107	411	226
宁　夏	21	461	156	178	83
新　疆	253	2 634	280	819	817

4-17 续表 5

单位：个、人

地 区	按学历分				离退休人员
	研究生	大学本科	大学专科	中专	
全国总计	**1 195**	**15 419**	**16 230**	**8 375**	**20 216**
北 京	31	237	104	42	358
天 津	11	214	87	37	164
河 北	38	998	1 159	572	1 184
山 西	14	338	418	269	656
内 蒙 古	33	672	609	235	1 134
辽 宁	10	383	321	152	570
吉 林	23	530	554	388	1 026
黑 龙 江	31	425	311	87	388
上 海	21	122	59	29	233
江 苏	116	676	577	138	980
浙 江	122	1 060	541	164	805
安 徽	54	634	465	260	887
福 建	8	166	78	86	142
江 西	26	433	446	214	396
山 东	123	1 118	753	648	1 158
河 南	47	706	1 511	873	1 456
湖 北	21	305	703	464	653
湖 南	36	477	794	623	753
广 东	23	332	508	298	1 009
广 西	2	164	256	131	300
海 南	0	32	80	23	2
重 庆	67	286	205	41	322
四 川	122	892	1 071	449	1 240
贵 州	16	194	190	51	190
云 南	22	799	781	469	1 021
西 藏	10	188	315	180	112
陕 西	36	533	1 140	729	1 232
甘 肃	49	786	909	377	540
青 海	5	416	271	82	444
宁 夏	9	278	128	33	116
新 疆	69	1 025	886	231	745

4-18 各地区家畜繁育改良站基本情况

单位：个、人

地 区	省级机构数	在编干部职工人数	按职称分		
			高级技术职称	中级技术职称	初级技术职称
全国总计	**14**	**560**	**187**	**159**	**73**
北 京	0	0	0	0	0
天 津	0	0	0	0	0
河 北	1	61	31	17	2
山 西	2	25	14	7	0
内蒙古	0	0	0	0	0
辽 宁	0	0	0	0	0
吉 林	0	0	0	0	0
黑龙江	1	104	51	26	2
上 海	0	0	0	0	0
江 苏	0	0	0	0	0
浙 江	0	0	0	0	0
安 徽	1	22	4	9	3
福 建	0	0	0	0	0
江 西	0	0	0	0	0
山 东	1	29	13	7	7
河 南	0	0	0	0	0
湖 北	1	62	13	17	14
湖 南	1	28	10	12	6
广 东	0	0	0	0	0
广 西	1	34	7	8	4
海 南	0	0	0	0	0
重 庆	0	0	0	0	0
四 川	1	39	13	10	6
贵 州	0	0	0	0	0
云 南	1	28	7	10	2
西 藏	0	0	0	0	0
陕 西	1	29	7	10	5
甘 肃	1	48	7	11	13
青 海	1	51	10	15	9
宁 夏	0	0	0	0	0
新 疆	0	0	0	0	0

4－18 续表 1

单位：个、人

地区	按学历分				离退休人员
	研究生	大学本科	大学专科	中专	
全国总计	**80**	**282**	**102**	**25**	**336**
北京	0	0	0	0	0
天津	0	0	0	0	0
河北	0	46	6	0	53
山西	5	18	2	0	15
内蒙古	0	0	0	0	0
辽宁	0	0	0	0	0
吉林	0	0	0	0	0
黑龙江	5	67	6	1	73
上海	0	0	0	0	0
江苏	0	0	0	0	0
浙江	0	0	0	0	0
安徽	5	9	6	0	14
福建	0	0	0	0	0
江西	0	0	0	0	0
山东	11	8	6	2	7
河南	0	0	0	0	0
湖北	8	19	32	3	1
湖南	5	18	1	4	0
广东	0	0	0	0	0
广西	4	14	6	2	38
海南	0	0	0	0	0
重庆	0	0	0	0	0
四川	20	9	7	1	13
贵州	0	0	0	0	0
云南	7	20	1	0	13
西藏	0	0	0	0	0
陕西	0	15	4	4	22
甘肃	4	16	9	6	26
青海	6	23	16	2	61
宁夏	0	0	0	0	0
新疆	0	0	0	0	0

4－18 续表 2

单位：个、人

地区	地（市）级机构数	在编干部职工人数	按职称分		
			高级技术职称	中级技术职称	初级技术职称
全国总计	**69**	**1 567**	**284**	**287**	**236**
北京	0	0	0	0	0
天津	0	0	0	0	0
河北	3	11	3	3	5
山西	10	84	18	38	14
内蒙古	9	360	114	72	47
辽宁	4	34	6	6	2
吉林	2	23	8	6	4
黑龙江	7	73	27	28	12
上海	0	0	0	0	0
江苏	1	19	5	7	5
浙江	0	0	0	0	0
安徽	0	0	0	0	0
福建	0	0	0	0	0
江西	0	0	0	0	0
山东	0	0	0	0	0
河南	6	441	27	27	12
湖北	3	9	1	3	5
湖南	5	110	9	19	54
广东	3	105	9	5	19
广西	1	9	0	2	0
海南	0	0	0	0	0
重庆	0	0	0	0	0
四川	3	26	7	11	5
贵州	2	26	2	4	6
云南	3	36	12	8	13
西藏	0	0	0	0	0
陕西	2	87	7	7	13
甘肃	1	4	1	2	1
青海	0	0	0	0	0
宁夏	0	0	0	0	0
新疆	4	110	28	39	19

4－18 续表 3

单位：个、人

地 区	按学历分				离退休人员
	研究生	大学本科	大学专科	中专	
全国总计	**102**	**492**	**284**	**160**	**1 178**
北 京	0	0	0	0	0
天 津	0	0	0	0	0
河 北	0	7	2	2	17
山 西	4	56	12	6	16
内 蒙 古	29	180	52	36	229
辽 宁	3	27	3	1	11
吉 林	2	13	4	2	23
黑 龙 江	7	34	20	2	45
上 海	0	0	0	0	0
江 苏	5	2	8	2	39
浙 江	0	0	0	0	0
安 徽	0	0	0	0	0
福 建	0	0	0	0	0
江 西	0	0	0	0	0
山 东	0	0	0	0	0
河 南	6	25	56	44	368
湖 北	0	6	3	0	6
湖 南	0	15	43	35	31
广 东	1	22	27	12	191
广 西	0	2	2	3	16
海 南	0	0	0	0	0
重 庆	0	0	0	0	0
四 川	6	14	5	1	3
贵 州	0	8	9	2	26
云 南	15	18	3	0	21
西 藏	0	0	0	0	0
陕 西	2	10	11	7	73
甘 肃	1	1	2	0	0
青 海	0	0	0	0	0
宁 夏	0	0	0	0	0
新 疆	21	52	22	5	63

4-18 续表 4

单位：个、人

地 区	县（市）级机构数	在编干部职工人数	按职称分		
			高级技术职称	中级技术职称	初级技术职称
全国总计	**775**	**6 537**	**872**	**2 104**	**1 736**
北 京	1	23	1	2	4
天 津	3	35	2	10	12
河 北	56	337	33	74	97
山 西	99	414	20	147	150
内 蒙 古	72	1 071	203	343	233
辽 宁	23	265	44	122	67
吉 林	21	399	74	111	122
黑 龙 江	71	363	97	175	70
上 海	0	0	0	0	0
江 苏	27	215	27	72	46
浙 江	3	14	0	1	3
安 徽	8	40	2	6	14
福 建	0	0	0	0	0
江 西	5	33	5	10	10
山 东	23	206	18	56	51
河 南	70	867	59	200	184
湖 北	34	260	21	110	111
湖 南	48	218	15	71	76
广 东	18	294	2	17	71
广 西	11	64	0	15	23
海 南	1	2	0	1	1
重 庆	5	54	17	20	9
四 川	50	342	40	133	102
贵 州	53	316	45	157	88
云 南	27	222	76	104	34
西 藏	0	0	0	0	0
陕 西	10	122	6	33	24
甘 肃	13	142	20	45	47
青 海	0	0	0	0	0
宁 夏	1	0	0	0	0
新 疆	22	219	45	69	87

4-18 续表5

单位：个、人

地区	按学历分				离退休人员
	研究生	大学本科	大学专科	中专	
全国总计	**90**	**1 781**	**2 180**	**1 265**	**2 948**
北京	1	12	7	3	18
天津	1	13	6	12	4
河北	1	50	104	69	181
山西	5	116	143	118	210
内蒙古	15	396	324	186	750
辽宁	7	101	124	22	189
吉林	7	121	105	110	195
黑龙江	5	124	142	42	163
上海	0	0	0	0	0
江苏	2	47	73	30	120
浙江	0	3	4	4	22
安徽	0	3	17	6	46
福建	0	0	0	0	0
江西	1	7	8	2	5
山东	2	38	55	61	120
河南	5	106	272	175	172
湖北	3	44	110	95	47
湖南	2	51	78	43	36
广东	0	4	43	81	146
广西	0	5	17	25	41
海南	0	1	1	0	0
重庆	7	21	21	4	34
四川	6	127	118	46	151
贵州	8	124	126	42	126
云南	6	92	72	44	83
西藏	0	0	0	0	0
陕西	1	9	73	15	26
甘肃	1	41	62	17	24
青海	0	0	0	0	0
宁夏	0	0	0	0	0
新疆	4	125	75	13	39

4-19 各地区草原工作站基本情况

单位：个、人

地区	省级机构数	在编干部职工人数	按职称分		
			高级技术职称	中级技术职称	初级技术职称
全国总计	**27**	**767**	**262**	**171**	**100**
北京	0	0	0	0	0
天津	1	6	0	3	2
河北	1	12	8	3	0
山西	2	28	11	8	2
内蒙古	1	50	35	6	3
辽宁	1	18	0	0	0
吉林	1	23	0	0	0
黑龙江	2	29	14	5	3
上海	0	0	0	0	0
江苏	0	0	0	0	0
浙江	0	0	0	0	0
安徽	0	0	0	0	0
福建	1	0	0	0	0
江西	1	0	0	0	0
山东	0	0	0	0	0
河南	1	17	11	3	2
湖北	1	7	0	0	0
湖南	1	6	3	1	2
广东	0	0	0	0	0
广西	1	57	1	14	18
海南	0	0	0	0	0
重庆	0	0	0	0	0
四川	1	22	7	6	4
贵州	1	12	6	2	0
云南	1	16	6	1	3
西藏	1	7	0	0	0
陕西	1	0	0	0	0
甘肃	1	96	52	18	8
青海	2	119	31	32	19
宁夏	1	31	19	4	6
新疆	3	211	58	65	28

4-19 续表 1

单位：个、人

地区	按学历分				离退休人员
	研究生	大学本科	大学专科	中专	
全国总计	**115**	**450**	**114**	**24**	**387**
北京	0	0	0	0	0
天津	3	2	0	0	0
河北	1	11	0	0	2
山西	7	16	4	0	6
内蒙古	3	36	3	2	24
辽宁	9	7	2	0	11
吉林	8	13	2	0	9
黑龙江	0	2	13	1	7
上海	0	0	0	0	0
江苏	0	0	0	0	0
浙江	0	0	0	0	0
安徽	0	0	0	0	0
福建	0	0	0	0	0
江西	0	0	0	0	0
山东	0	0	0	0	0
河南	1	15	0	1	3
湖北	2	5	0	0	0
湖南	3	3	0	0	2
广东	0	0	0	0	0
广西	8	24	8	4	46
海南	0	0	0	0	0
重庆	0	0	0	0	0
四川	7	11	2	2	5
贵州	6	2	4	0	5
云南	3	10	1	0	12
西藏	2	4	1	0	1
陕西	0	0	0	0	0
甘肃	14	67	3	3	63
青海	13	75	17	2	27
宁夏	3	22	3	3	14
新疆	22	125	51	6	150

4-19 续表 2

单位：个、人

地区	地（市）级机构数	在编干部职工人数	按职称分		
			高级技术职称	中级技术职称	初级技术职称
全国总计	**142**	**1 539**	**322**	**439**	**250**
北京	0	0	0	0	0
天津	0	0	0	0	0
河北	5	49	16	12	10
山西	12	90	20	38	12
内蒙古	15	367	100	91	49
辽宁	11	45	1	3	1
吉林	7	58	9	11	9
黑龙江	8	40	16	9	5
上海	0	0	0	0	0
江苏	0	0	0	0	0
浙江	0	0	0	0	0
安徽	0	0	0	0	0
福建	3	0	0	0	0
江西	0	0	0	0	0
山东	1	23	3	4	3
河南	6	31	8	14	7
湖北	2	4	0	3	1
湖南	5	38	2	8	10
广东	0	0	0	0	0
广西	0	0	0	0	0
海南	0	0	0	0	0
重庆	0	0	0	0	0
四川	6	43	14	13	8
贵州	9	61	15	27	10
云南	6	30	7	8	7
西藏	6	50	0	0	0
陕西	5	55	10	20	10
甘肃	10	58	15	26	9
青海	9	157	19	41	31
宁夏	0	0	0	0	0
新疆	16	340	67	111	68

4－19　续表 3

单位：个、人

地　区	按学历分				离退休人员
	研究生	大学本科	大学专科	中专	
全国总计	**110**	**676**	**369**	**142**	**695**
北　京	0	0	0	0	0
天　津	0	0	0	0	0
河　北	4	29	9	5	29
山　西	9	37	26	3	9
内蒙古	38	162	105	26	196
辽　宁	4	26	10	2	16
吉　林	4	33	11	3	29
黑龙江	7	20	8	0	16
上　海	0	0	0	0	0
江　苏	0	0	0	0	1
浙　江	0	0	0	0	0
安　徽	0	0	0	0	0
福　建	0	0	0	0	0
江　西	0	0	0	0	0
山　东	0	11	7	3	2
河　南	0	6	9	8	7
湖　北	0	2	2	0	0
湖　南	1	11	2	13	1
广　东	0	0	0	0	0
广　西	0	0	0	0	0
海　南	0	0	0	0	0
重　庆	0	0	0	0	0
四　川	2	24	9	6	17
贵　州	5	30	8	4	24
云　南	2	21	6	1	5
西　藏	3	17	0	0	0
陕　西	2	8	15	9	32
甘　肃	3	18	17	2	27
青　海	1	71	52	33	107
宁　夏	0	0	0	0	0
新　疆	25	150	73	24	177

4-19　续表 4

单位：个、人

地　区	县（市）级机构数	在编干部职工人数	按职称分		
			高级技术职称	中级技术职称	初级技术职称
全国总计	**917**	**7 597**	**939**	**2 388**	**2 021**
北　京	0	0	0	0	0
天　津	0	0	0	0	0
河　北	28	173	24	58	28
山　西	90	426	25	158	125
内蒙古	106	1 563	191	426	366
辽　宁	34	229	34	89	68
吉　林	35	522	54	127	139
黑龙江	77	388	88	190	81
上　海	0	0	0	0	0
江　苏	0	0	0	0	0
浙　江	0	0	0	0	0
安　徽	4	20	7	7	5
福　建	0	0	0	0	0
江　西	9	32	9	16	7
山　东	2	10	0	4	6
河　南	16	186	15	37	43
湖　北	21	77	6	41	26
湖　南	30	89	5	34	30
广　东	1	5	0	1	1
广　西	3	12	0	7	5
海　南	0	0	0	0	0
重　庆	1	1	1	0	0
四　川	64	483	57	162	168
贵　州	78	329	49	133	105
云　南	37	243	100	94	44
西　藏	47	0	0	0	0
陕　西	15	297	29	87	81
甘　肃	66	576	58	176	125
青　海	40	540	54	193	164
宁　夏	13	176	41	93	28
新　疆	100	1 220	92	255	376

4－19 续表 5

单位：个、人

地 区	按学历分				离退休人员
	研究生	大学本科	大学专科	中专	
全国总计	**106**	**2 502**	**2 831**	**1 193**	**2 657**
北 京	0	0	0	0	0
天 津	0	0	0	0	0
河 北	3	61	37	32	46
山 西	5	93	169	107	233
内蒙古	31	551	523	221	795
辽 宁	1	82	103	36	99
吉 林	2	122	146	100	132
黑龙江	7	113	152	56	85
上 海	0	0	0	0	0
江 苏	0	0	0	0	0
浙 江	0	0	0	0	0
安 徽	0	11	4	0	0
福 建	0	0	0	0	0
江 西	1	14	13	4	1
山 东	0	2	4	4	2
河 南	0	15	56	45	64
湖 北	2	20	33	16	15
湖 南	1	28	31	17	11
广 东	0	0	3	0	0
广 西	0	5	3	4	0
海 南	0	0	0	0	0
重 庆	0	0	1	0	0
四 川	9	156	189	65	127
贵 州	7	114	159	37	64
云 南	7	100	90	38	82
西 藏	0	0	0	0	0
陕 西	1	87	121	55	121
甘 肃	6	216	220	87	85
青 海	7	226	202	73	195
宁 夏	0	91	62	12	29
新 疆	16	395	510	184	471

4-20　各地区饲料监察所基本情况

单位：个、人

地　区	省级机构数	在编干部职工人数	按职称分		
			高级技术职称	中级技术职称	初级技术职称
全国总计	**26**	**663**	**245**	**155**	**73**
北　京	0	0	0	0	0
天　津	1	27	10	12	2
河　北	1	35	20	10	0
山　西	1	26	11	8	2
内蒙古	1	19	17	1	0
辽　宁	1	49	0	0	0
吉　林	1	35	0	0	0
黑龙江	1	38	27	6	5
上　海	0	0	0	0	0
江　苏	1	4	2	1	1
浙　江	1	27	10	5	5
安　徽	1	21	5	6	7
福　建	0	0	0	0	0
江　西	1	22	14	3	2
山　东	1	28	12	11	3
河　南	1	18	7	9	2
湖　北	1	11	8	1	2
湖　南	1	25	12	3	10
广　东	1	17	9	6	1
广　西	1	36	14	11	8
海　南	1	6	4	1	1
重　庆	0	0	0	0	0
四　川	1	22	9	10	3
贵　州	1	20	10	6	4
云　南	0	0	0	0	0
西　藏	1	6	0	0	0
陕　西	1	0	0	0	0
甘　肃	1	56	10	15	5
青　海	1	23	0	0	0
宁　夏	1	28	15	5	3
新　疆	1	64	19	25	7

4－20 续表 1

单位：个、人

地区	按学历分				离退休人员
	研究生	大学本科	大学专科	中专	
全国总计	**148**	**375**	**76**	**22**	**259**
北京	0	0	0	0	0
天津	3	18	3	0	5
河北	6	23	2	1	13
山西	5	18	3	0	17
内蒙古	2	11	4	1	6
辽宁	18	26	4	0	19
吉林	5	21	8	1	17
黑龙江	0	10	5	4	23
上海	0	0	0	0	0
江苏	1	2	1	0	0
浙江	11	12	2	0	3
安徽	12	6	2	1	14
福建	0	0	0	0	0
江西	8	10	3	1	3
山东	11	11	3	3	5
河南	5	13	0	0	7
湖北	3	8	0	0	0
湖南	5	17	3	0	4
广东	7	9	1	0	12
广西	5	29	2	0	21
海南	2	4	0	0	0
重庆	0	0	0	0	0
四川	5	10	3	1	7
贵州	8	10	2	0	11
云南	0	0	0	0	0
西藏	0	0	0	0	3
陕西	0	0	0	0	0
甘肃	9	38	4	1	33
青海	6	15	2	0	0
宁夏	5	17	5	1	9
新疆	6	37	14	7	27

4－20 续表 2

单位：个、人

地区	地（市）级机构数	在编干部职工人数	按职称分		
			高级技术职称	中级技术职称	初级技术职称
全国总计	**83**	**872**	**145**	**220**	**138**
北京	0	0	0	0	0
天津	0	0	0	0	0
河北	1	3	1	2	0
山西	1	5	1	3	1
内蒙古	6	68	11	9	5
辽宁	14	215	18	24	31
吉林	7	59	8	9	11
黑龙江	7	44	15	15	5
上海	0	0	0	0	0
江苏	2	13	7	5	1
浙江	0	0	0	0	0
安徽	0	0	0	0	0
福建	2	3	2	0	0
江西	0	0	0	0	0
山东	4	53	13	12	6
河南	3	120	19	42	11
湖北	5	26	2	9	9
湖南	5	12	0	4	4
广东	2	23	1	2	4
广西	1	3	0	2	1
海南	0	0	0	0	0
重庆	0	0	0	0	0
四川	6	43	10	13	11
贵州	5	25	6	8	8
云南	3	65	21	28	9
西藏	0	0	0	0	0
陕西	3	12	1	1	9
甘肃	3	34	6	14	4
青海	1	1	0	0	1
宁夏	0	0	0	0	0
新疆	2	45	3	18	7

4-20 续表 3

单位：个、人

地区	按学历分				离退休人员
	研究生	大学本科	大学专科	中专	
全国总计	**109**	**412**	**139**	**48**	**251**
北京	0	0	0	0	0
天津	0	0	0	0	0
河北	0	3	0	0	0
山西	0	4	1	0	2
内蒙古	9	28	15	9	16
辽宁	34	142	27	6	64
吉林	0	28	16	10	15
黑龙江	3	31	7	0	23
上海	0	0	0	0	0
江苏	2	7	3	0	8
浙江	0	0	0	0	0
安徽	0	0	0	0	0
福建	0	1	2	0	0
江西	0	0	0	0	0
山东	10	34	4	3	7
河南	10	18	7	1	38
湖北	2	9	7	5	11
湖南	1	3	4	1	0
广东	1	17	3	0	10
广西	0	2	1	0	3
海南	0	0	0	0	0
重庆	0	0	0	0	0
四川	11	16	9	6	2
贵州	3	10	5	3	6
云南	14	29	19	2	21
西藏	0	0	0	0	0
陕西	4	2	5	0	3
甘肃	1	9	1	1	1
青海	1	0	0	0	0
宁夏	0	0	0	0	0
新疆	3	19	3	1	21

4-20 续表 4

单位：个、人

地区	县（市）级机构数	在编干部职工人数	按职称分		
			高级技术职称	中级技术职称	初级技术职称
全国总计	**666**	**5 804**	**477**	**1 997**	**1 801**
北京	0	0	0	0	0
天津	0	0	0	0	0
河北	56	213	19	75	65
山西	43	347	8	136	130
内蒙古	38	199	23	70	45
辽宁	39	231	20	107	86
吉林	28	406	71	112	118
黑龙江	46	179	34	91	39
上海	0	0	0	0	0
江苏	7	100	17	32	43
浙江	1	3	0	0	0
安徽	4	29	7	6	10
福建	1	17	2	5	5
江西	10	44	1	23	17
山东	50	383	29	121	174
河南	46	931	37	225	248
湖北	51	898	30	385	394
湖南	74	292	18	106	90
广东	8	123	9	29	42
广西	3	21	1	6	7
海南	4	16	0	10	1
重庆	7	43	8	15	5
四川	42	263	12	71	60
贵州	36	108	4	53	35
云南	25	297	85	158	34
西藏	0	0	0	0	0
陕西	2	29	0	2	23
甘肃	35	540	33	133	120
青海	2	7	2	4	1
宁夏	2	17	6	6	5
新疆	6	68	1	16	4

4-20　续表 5

单位：个、人

地　区	按学历分				离退休人员
	研究生	大学本科	大学专科	中专	
全国总计	**69**	**1 506**	**2 125**	**1 202**	**878**
北　京	0	0	0	0	0
天　津	0	0	0	0	0
河　北	1	58	74	43	33
山　西	3	78	120	114	78
内蒙古	3	78	64	24	18
辽　宁	3	143	73	10	26
吉　林	1	99	147	79	131
黑龙江	2	52	90	20	26
上　海	0	0	0	0	0
江　苏	1	28	42	11	4
浙　江	0	3	0	0	0
安　徽	0	10	9	5	21
福　建	0	11	1	5	0
江　西	1	14	15	13	3
山　东	11	128	148	75	38
河　南	6	79	340	188	93
湖　北	5	109	324	362	144
湖　南	1	72	123	55	25
广　东	1	23	53	23	77
广　西	0	9	8	4	2
海　南	0	6	8	2	0
重　庆	7	12	16	5	7
四　川	6	119	89	37	66
贵　州	2	31	49	18	15
云　南	11	127	117	30	34
西　藏	0	0	0	0	0
陕　西	0	3	5	2	5
甘　肃	3	158	182	71	18
青　海	0	4	1	2	0
宁　夏	0	7	8	2	2
新　疆	1	45	19	2	12

4-21 各地区乡镇畜牧兽医站基本情况

单位：个、人、万元

地区	站数	职工总数		按职称分			
			在编人数	高级技术职称	中级技术职称	初级技术职称	技术员
全国总计	**31 349**	**182 947**	**136 404**	**6 411**	**40 338**	**56 020**	**27 469**
北京	128	1 103	837	10	214	315	98
天津	131	839	757	35	149	163	81
河北	1 375	6 821	5 359	236	1 251	2 093	1 080
山西	1 114	4 523	3 680	114	983	1 751	584
内蒙古	858	7 090	5 473	334	1 864	1 721	1 628
辽宁	730	3 488	3 203	87	1 733	990	221
吉林	675	6 148	5 464	468	1 643	2 041	349
黑龙江	1 046	6 846	5 939	684	2 356	1 825	1 138
上海	95	740	237	8	87	146	105
江苏	960	8 016	4 604	226	1 873	2 121	1 001
浙江	541	1 685	861	6	336	316	280
安徽	1 171	4 063	1 993	134	693	835	766
福建	953	2 059	1 625	137	647	613	162
江西	1 450	7 294	3 852	123	596	1 710	1 879
山东	1 466	8 109	6 287	184	1 966	3 102	832
河南	1 322	6 723	4 511	209	926	1 316	1 421
湖北	1 139	18 645	9 763	73	2 519	5 229	4 220
湖南	1 858	13 635	9 583	102	1 791	4 074	2 253
广东	1 066	6 579	4 840	17	486	1 728	1 161
广西	1 108	4 689	4 396	18	1 401	1 865	685
海南	81	591	217	1	51	161	36
重庆	922	6 664	6 374	167	2 215	2 228	720
四川	3 971	17 897	15 941	433	5 517	7 584	1 735
贵州	1 346	6 449	4 576	453	1 675	1 981	396
云南	1 349	6 518	6 379	1 360	2 894	1 519	467
西藏	682	1 790	1 168	0	152	387	452
陕西	1 156	4 359	3 545	91	627	1 332	493
甘肃	1 260	7 102	6 010	159	1 120	3 384	1 295
青海	365	1 596	1 533	45	580	566	292
宁夏	193	928	860	122	321	265	150
新疆	838	9 958	6 537	375	1 672	2 659	1 489

4-21 续表1

单位：个、人、万元

地区	技学历分				离退休人员
	研究生	大学本科	大学专科	中专	
全国总计	**780**	**27 120**	**59 063**	**37 871**	**67 102**
北京	10	333	278	153	520
天津	12	249	188	195	599
河北	14	889	2 149	1 499	2 111
山西	34	565	1 340	1 193	3 274
内蒙古	22	1 360	1 756	1 123	1 473
辽宁	16	1 191	1 634	369	1 054
吉林	24	777	1 695	1 613	2 601
黑龙江	55	1 716	2 723	1 076	1 617
上海	4	77	96	128	448
江苏	115	1 016	6 377	1 502	6 170
浙江	11	223	343	343	1 223
安徽	7	464	828	764	1 290
福建	28	575	491	635	454
江西	2	200	1 265	1 738	1 643
山东	111	1 744	2 188	2 081	3 803
河南	14	380	1 407	1 363	1 601
湖北	12	391	2 446	5 560	6 219
湖南	13	872	3 097	2 993	5 122
广东	46	870	1 334	1 628	3 297
广西	6	681	2 442	1 077	1 295
海南	1	32	71	143	14
重庆	78	1 000	3 207	1 210	4 045
四川	28	2 362	8 292	3 124	10 037
贵州	4	911	2 384	1 116	589
云南	35	1 865	3 047	1 223	1 214
西藏	0	402	370	135	436
陕西	26	532	1 171	1 103	1 784
甘肃	24	2 302	2 690	828	676
青海	4	688	558	245	208
宁夏	2	371	342	120	168
新疆	22	2 082	2 854	1 591	2 117

4-21 续表 2

单位：个、人、万元

地 区	经营情况			
	盈余站数	盈余金额	亏损站数	亏损金额
全国总计	**3 390**	**7 396.9**	**3 034**	**18 271.3**
北 京	34	288.8	15	113.6
天 津	64	339.7	34	254.7
河 北	209	483.4	399	2 350.4
山 西	195	91.7	53	230.5
内蒙古	44	25.6	47	1 050.3
辽 宁	0	0.0	0	0.0
吉 林	26	17.4	38	38.4
黑龙江	92	218.2	86	1 324.6
上 海	34	120.3	44	704.0
江 苏	215	720.7	114	471.1
浙 江	114	225.0	61	192.0
安 徽	110	194.0	113	64.7
福 建	54	23.1	62	133.8
江 西	71	79.6	115	352.5
山 东	265	1 116.3	214	1 456.3
河 南	113	39.3	123	98.5
湖 北	335	1 321.2	181	778.9
湖 南	269	329.1	368	1 028.8
广 东	118	172.2	185	1 165.0
广 西	52	100.2	10	10.8
海 南	1	3.0	12	19.4
重 庆	0	0.0	0	0.0
四 川	339	157.4	355	5 268.5
贵 州	0	0.0	0	0.0
云 南	152	215.6	48	77.6
西 藏	0	0.0	0	0.0
陕 西	57	316.7	10	14.9
甘 肃	210	124.2	213	234.6
青 海	67	22.2	33	6.0
宁 夏	6	5.4	6	2.7
新 疆	144	646.6	95	828.7

4-21 续表3

单位：个、人、万元

地区	全年总收入	经营服务收入	全年总支出	工资总额
全国总计	**789 411.5**	**76 817.5**	**800 285.8**	**606 696.3**
北京	14 143.7	282.9	13 968.5	5 782.1
天津	10 210.2	2 183.6	10 125.2	3 872.6
河北	20 173.0	4 595.5	22 040.0	16 689.1
山西	18 889.1	2 001.1	19 027.8	17 357.4
内蒙古	25 228.0	4 082.1	26 252.6	22 738.4
辽宁	18 826.5	66.5	18 826.5	16 737.2
吉林	33 601.8	1 927.7	33 622.7	27 375.8
黑龙江	22 194.6	1 866.9	23 301.0	20 729.4
上海	3 719.8	424.8	4 303.4	1 804.2
江苏	67 559.5	1 313.6	67 309.9	32 590.9
浙江	8 714.0	1 651.9	8 681.0	4 514.7
安徽	9 704.3	753.3	9 575.0	8 727.5
福建	7 571.3	578.7	7 682.0	7 000.6
江西	16 486.4	1 678.9	16 759.3	13 638.9
山东	39 020.0	7 588.0	39 360.0	28 850.9
河南	12 272.0	2 235.9	12 331.3	11 489.3
湖北	30 681.2	6 905.9	30 139.0	20 871.5
湖南	39 002.8	6 435.7	39 702.5	33 566.0
广东	45 521.9	4 779.8	46 514.7	24 548.1
广西	25 333.1	4 467.2	25 243.7	21 462.2
海南	1 547.3	327.8	1 563.7	1 131.0
重庆	38 239.1	0.0	38 239.1	32 977.4
四川	104 240.1	6 190.3	109 351.1	80 569.3
贵州	23 323.6	280.0	23 323.6	23 057.4
云南	37 682.8	2 643.3	37 544.9	34 232.3
西藏	6 052.2	0.0	6 052.2	6 052.2
陕西	18 207.9	1 179.5	17 906.1	16 821.6
甘肃	25 952.5	2 747.2	26 062.8	24 658.7
青海	11 123.0	2 300.2	11 106.8	9 267.6
宁夏	4 357.9	459.8	4 355.2	4 090.2
新疆	49 832.1	4 869.4	50 014.2	33 491.6

4-22 各地区牧区县畜牧生产情况

单位：头、只、吨

地区	基本情况				
	牧业人口数（万人）	人均纯收入（元/人）	牧业收入（元/人）	牧户数（户）	定居牧户数（户）
全国总计	**390.7**	**8 462.6**	**5 615.9**	**1 021 070**	**874 234**
内蒙古	77.8	12 307.6	9 879.6	259 554	241 572
黑龙江	6.5	12 356.0	7 414.0	34 888	34 888
四川	85.3	7 798.8	4 182.3	198 398	172 921
西藏	32.9	3 100.0	1 800.0	59 340	49 000
甘肃	31.8	7 117.2	4 878.8	72 525	66 819
青海	92.2	7 061.0	5 114.4	223 726	200 203
宁夏	13.9	7 887.0	5 522.0	48 257	44 611
新疆	50.4	10 217.9	5 124.1	124 382	64 220

地区	畜禽饲养情况				
	大牲畜年末存栏	牛	能繁母牛	当年成活犊牛	牦牛
全国总计	**15 910 018**	**14 059 239**	**7 090 768**	**3 993 044**	**9 906 385**
内蒙古	2 299 901	1 844 535	1 203 917	451 301	0
黑龙江	117 310	107 048	57 860	23 200	0
四川	3 381 544	3 029 829	1 388 873	856 445	2 706 630
西藏	2 180 000	1 900 000	750 000	530 000	1 600 000
甘肃	1 172 000	1 105 716	587 151	307 491	1 043 010
青海	4 758 141	4 593 377	2 278 152	1 287 516	4 516 880
宁夏	9 340	8 276	3 068	2 137	0
新疆	1 991 782	1 470 458	821 747	534 954	39 865

4－22 续表1

单位：头、只、吨

地区	畜禽饲养情况				
	绵羊年末存栏数	能繁母羊	当年生存栏羔羊	细毛羊	半细毛羊
全国总计	**39 963 496**	**26 639 693**	**10 043 402**	**3 842 159**	**8 237 637**
内蒙古	13 634 257	10 629 545	2 269 883	2 484 593	704 977
黑龙江	201 200	130 000	27 360	79 000	122 200
四川	1 740 703	763 695	465 830	130 181	864 993
西藏	4 200 000	1 890 000	1 800 000	0	4 200 000
甘肃	3 543 829	1 957 173	1 082 048	989 023	268 999
青海	8 935 838	5 276 321	3 127 529	0	583 287
宁夏	1 115 271	974 158	102 562	0	1 115 271
新疆	6 592 398	5 018 801	1 168 190	159 362	377 910

地区	畜禽饲养情况		畜产品产量与出栏情况			
	山羊年末存栏	绒山羊	肉类总产量	牛肉	猪肉	羊肉
全国总计	**10 791 274**	**8 743 998**	**1 398 556**	**562 695**	**147 897**	**610 665**
内蒙古	6 177 620	5 731 899	561 513	176 912	72 423	286 070
黑龙江	10 893	1 800	30 950	14 580	9 039	2 135
四川	479 479	0	110 992	69 840	25 275	14 943
西藏	1 500 000	1 500 000	90 000	50 000	0	40 000
甘肃	408 889	383 408	74 743	30 449	5 035	36 820
青海	1 117 396	536 452	216 636	111 715	9 260	94 021
宁夏	133 116	133 116	36 650	395	6 421	22 916
新疆	963 881	457 323	277 072	108 804	20 444	113 760

4-22 续表 2

单位：头、只、吨、万张

地区	畜产品产量与出栏情况					
	奶产量	毛产量	山羊绒产量	山羊毛产量	绵羊毛产量	
						细羊毛产量
全国总计	**2 362 404**	**83 173**	**4 477**	**3 496**	**75 200**	**17 287**
内蒙古	807 769	37 788	3 493	1 260	33 035	12 609
黑龙江	331 325	611	1	19	591	105
四川	166 411	2 171	28	168	1 975	235
西藏	70 000	5 400	300	600	4 500	0
甘肃	81 953	5 755	125	152	5 479	3 096
青海	183 951	12 565	299	509	11 757	0
宁夏	14 776	2 215	33	82	2 100	0
新疆	706 219	16 668	198	707	15 763	1 242

地区	畜产品产量与出栏情况				
		牛皮产量	羊皮产量	牛出栏	羊出栏
	半细羊毛产量				
全国总计	**15 026**	**418.96**	**3 118.05**	**4 716 283**	**34 592 470**
内蒙古	2 527	103.58	1 517.41	1 070 671	15 830 483
黑龙江	486	0.70	1.00	97 856	139 785
四川	1 534	64.68	73.89	696 618	778 146
西藏	4 500	41.80	143.81	428 000	2 050 000
甘肃	564	17.43	157.00	366 788	2 165 830
青海	1 821	128.68	540.01	1 286 849	5 400 061
宁夏	2 100	0.30	180.57	3 034	1 805 713
新疆	1 495	61.79	504.37	766 467	6 422 452

4-22 续表 3

单位：头、只、吨

地区	畜产品出售情况			
	出售肉类总产量	牛肉	猪肉	羊肉
全国总计	**1 142 419**	**486 509**	**120 612**	**499 179**
内蒙古	506 308	163 421	64 506	261 094
黑龙江	30 950	14 580	9 039	2 135
四川	91 701	62 329	17 194	12 166
西藏	55 000	45 000	0	10 000
甘肃	68 952	29 035	4 148	34 712
青海	173 433	88 325	6 373	77 561
宁夏	36 650	395	6 421	22 916
新疆	179 424	83 424	12 930	78 595

地区	畜产品出售情况		
	出售奶总量	出售羊绒总量	出售羊毛总量
全国总计	**1 790 501**	**4 205**	**71 158**
内蒙古	651 965	3 274	33 401
黑龙江	331 325	1	591
四川	140 931	16	1 815
西藏	13 000	280	2 500
甘肃	81 090	123	5 552
青海	113 847	298	11 736
宁夏	14 776	25	1 697
新疆	443 566	188	13 865

4-23　各地区半牧区县畜牧生产情况

单位：头、只、吨

地　区	基本情况				
	牧业人口数（万人）	人均纯收入（元/人）	牧业收入（元/人）	牧户数（户）	定居牧户数（户）
全国总计	**1 382.6**	**8 826.5**	**3 505.6**	**3 474 739**	**3 164 939**
河　北	55.9	4 798.7	2 348.2	147 110	84 580
山　西	7.0	3 640.0	2 180.0	17 715	10 085
内蒙古	250.5	9 378.3	4 552.7	665 446	661 861
辽　宁	181.8	10 484.9	4 065.8	480 467	480 467
吉　林	162.8	8 857.0	3 934.9	323 421	310 101
黑龙江	230.3	8 758.2	4 524.3	691 745	631 276
四　川	227.6	10 521.4	2 544.7	539 000	497 560
云　南	27.7	7 646.9	3 167.8	76 957	31 710
西　藏	56.0	3 300.0	1 800.0	101 140	84 000
甘　肃	84.5	5 525.9	1 283.6	136 890	115 000
青　海	4.6	6 801.0	4 849.6	11 525	10 518
宁　夏	55.0	8 322.1	1 219.1	187 756	187 756
新　疆	38.9	11 506.3	4 433.2	95 567	60 025

地　区	畜禽饲养情况				
	大牲畜年末存栏	牛	能繁母牛	当年成活犊牛	牦牛
全国总计	**18 966 189**	**15 286 027**	**7 688 928**	**4 252 584**	**3 181 319**
河　北	838 215	720 612	373 193	241 070	3 000
山　西	32 827	25 304	15 841	7 559	0
内蒙古	4 783 562	3 623 279	2 039 041	1 072 538	0
辽　宁	1 293 136	751 033	342 192	195 341	0
吉　林	1 043 843	803 457	433 358	249 565	0
黑龙江	2 439 586	2 330 478	1 098 633	589 835	0
四　川	3 016 426	2 502 860	1 036 986	571 882	1 016 734
云　南	275 591	241 158	117 542	48 718	99 401
西　藏	2 400 000	2 100 000	1 100 000	650 000	1 530 000
甘　肃	929 288	662 118	311 870	189 543	245 619
青　海	289 002	263 427	152 617	72 796	160 769
宁　夏	256 448	229 073	56 801	43 370	0
新　疆	1 368 265	1 033 228	610 854	320 367	125 796

4－23 续表 1

单位：头、只、吨

地 区	畜禽饲养情况				
	绵羊年末存栏数	能繁母羊	当年生存栏羔羊	细毛羊	半细毛羊
全国总计	**53 612 791**	**33 360 929**	**14 888 821**	**20 043 712**	**10 767 341**
河 北	1 706 782	1 112 170	405 551	499 686	1 117 096
山 西	327 692	190 439	109 562	0	26 567
内 蒙 古	20 875 515	14 006 289	5 697 405	10 186 615	1 707 314
辽 宁	2 704 824	1 431 034	1 073 857	605 459	1 413 557
吉 林	5 044 103	2 752 383	1 486 646	4 974 123	69 800
黑 龙 江	3 539 248	2 050 481	955 966	1 508 561	1 702 071
四 川	2 104 815	922 536	619 225	60 936	1 340 781
云 南	53 290	21 318	20 075	11 361	15 583
西 藏	1 890 000	780 000	774 000	0	774 000
甘 肃	5 244 929	2 963 221	1 365 512	372 385	719 887
青 海	1 060 439	637 882	405 750	0	304 523
宁 夏	1 280 300	805 150	334 200	299 000	331 300
新 疆	7 780 854	5 688 026	1 641 072	1 525 586	1 244 862

地 区	畜禽饲养情况		畜产品产量与出栏情况		
	山羊年末存栏	绒山羊	肉类总产量	牛肉	猪肉
全国总计	**19 263 071**	**13 758 312**	**5 706 364**	**1 017 219**	**2 768 095**
河 北	146 933	126 000	233 289	86 782	94 367
山 西	17 937	11 509	8 557	1 298	2 218
内 蒙 古	8 701 614	8 493 626	1 365 866	263 837	536 210
辽 宁	372 727	101 822	1 009 263	96 890	568 649
吉 林	536 081	493 037	668 060	77 054	326 977
黑 龙 江	470 534	58 762	1 008 437	175 418	608 068
四 川	3 284 917	0	504 631	63 719	357 704
云 南	174 117	15 205	29 920	5 011	20 859
西 藏	1 600 000	1 600 000	93 000	61 000	100
甘 肃	1 920 582	1 246 781	187 110	21 366	99 772
青 海	212 136	12 895	27 608	10 427	4 892
宁 夏	130 100	128 900	89 389	51 591	6 579
新 疆	1 695 393	1 469 775	481 234	102 826	141 701

4－23　续表 2

单位：头、只、吨、万张

地　区	畜产品产量与出栏情况					
	羊肉	奶产量	毛产量	山羊绒产量	山羊毛产量	绵羊毛产量
全国总计	**972 500**	**5 732 612**	**172 721**	**5 212**	**11 022**	**156 487**
河　北	37 105	556 792	10 108	16	290	9 802
山　西	4 732	8 770	475	6	9	460
内蒙古	378 406	1 259 577	79 107	3 993	6 167	68 947
辽　宁	87 969	375 878	6 994	18	110	6 865
吉　林	75 539	391 206	20 536	131	465	19 940
黑龙江	49 017	2 158 207	14 199	22	764	13 413
四　川	50 574	106 829	4 737	0	347	4 390
云　南	1 627	13 716	82	2	29	51
西　藏	31 900	130 000	2 950	400	350	2 200
甘　肃	53 571	59 038	9 522	197	1 057	8 269
青　海	11 497	30 325	1 360	14	105	1 242
宁　夏	28 996	7 908	1 838	36	40	1 762
新　疆	161 567	634 366	20 813	377	1 290	19 146

地　区	畜产品产量与出栏情况			
	细羊毛	半细羊毛	牛皮产量	羊皮产量
全国总计	**74 983**	**34 526**	**484.65**	**4 343.30**
河　北	2 123	6 924	27.41	177.26
山　西	0	50	0.92	2.99
内蒙古	37 986	6 177	146.32	1 830.26
辽　宁	1 863	3 548	38.23	433.34
吉　林	19 351	589	30.35	160.42
黑龙江	6 027	6 507	31.09	132.65
四　川	729	3 214	47.99	240.25
云　南	11	40	2.27	3.31
西　藏	0	2 200	48.00	112.00
甘　肃	1 645	1 057	8.87	252.85
青　海	0	763	11.70	73.78
宁　夏	523	549	27.75	157.00
新　疆	4 727	2 910	63.75	767.19

4-23 续表 3

单位：头、只、吨

地区	畜产品产量与出栏情况		畜产品出售情况	
	牛出栏	羊出栏	出售肉类总产量	牛肉
全国总计	**7 018 302**	**60 154 430**	**4 610 162**	**863 534**
河北	539 901	2 616 716	200 571	77 560
山西	9 230	299 008	8 051	1 290
内蒙古	1 763 530	23 645 349	1 086 825	229 239
辽宁	571 928	5 312 651	830 319	77 148
吉林	526 028	4 303 971	594 312	67 869
黑龙江	1 071 670	2 923 770	889 355	156 630
四川	556 223	2 995 383	355 698	48 209
云南	41 895	93 240	23 171	3 491
西藏	490 000	1 280 000	71 000	58 000
甘肃	223 329	4 372 739	165 102	18 537
青海	116 964	737 839	22 535	9 383
宁夏	346 500	2 009 300	78 680	45 500
新疆	761 104	9 564 464	284 542	70 679

地区	畜产品出售情况				
	猪肉	羊肉	出售奶总量	出售羊绒总量	出售羊毛总量
全国总计	**2 227 827**	**789 575**	**4 587 272**	**4 974**	**145 874**
河北	71 215	35 250	359 250	16	8 452
山西	2 014	4 521	8 500	6	452
内蒙古	366 164	335 033	1 021 706	3 858	68 045
辽宁	496 834	68 810	289 988	18	6 272
吉林	300 380	60 120	337 079	131	19 841
黑龙江	546 221	38 672	2 119 328	19	12 792
四川	256 112	32 209	82 864	0	2 988
云南	15 513	1 373	9 875	1	51
西藏	90	13 000	20 000	380	280
甘肃	91 826	48 868	38 436	183	8 135
青海	2 940	10 068	16 497	1	1 299
宁夏	6 350	25 400	6 600	36	1 772
新疆	72 169	116 250	277 149	324	15 495

4-24 各地区生猪饲养规模场（户）数情况

单位：个

地 区	年出栏 1～49头 场（户）数	年出栏 50～99头 场（户）数	年出栏 100～499头 场（户）数	年出栏 500～999头 场（户）数
全国总计	**40 205 599**	**1 428 631**	**718 590**	**167 224**
北 京	6 929	2 862	1 622	297
天 津	3 424	4 340	5 060	820
河 北	955 293	50 467	30 594	8 458
山 西	205 527	26 581	15 568	3 382
内蒙古	905 131	22 556	7 863	1 528
辽 宁	577 675	66 528	32 339	6 852
吉 林	492 561	76 202	44 502	6 984
黑龙江	309 206	67 771	34 624	4 722
上 海	2 499	420	330	112
江 苏	371 684	30 138	29 668	9 734
浙 江	238 959	2 947	5 523	1 602
安 徽	1 459 486	44 738	25 949	7 946
福 建	103 171	8 019	7 449	4 064
江 西	589 544	32 152	19 736	7 863
山 东	513 100	140 481	75 159	16 145
河 南	919 778	55 174	66 143	16 775
湖 北	2 441 246	38 580	46 395	10 132
湖 南	3 365 878	159 798	75 681	19 567
广 东	644 812	37 702	32 620	8 494
广 西	2 169 188	50 532	21 763	4 669
海 南	333 679	7 735	3 815	643
重 庆	3 193 721	27 127	11 127	2 105
四 川	6 252 123	206 629	55 460	13 533
贵 州	4 809 599	28 133	7 781	1 085
云 南	6 595 189	160 284	21 301	3 598
西 藏	10 010	145	12	3
陕 西	876 113	38 650	21 572	2 937
甘 肃	1 392 555	23 551	10 153	1 450
青 海	262 588	2 122	494	79
宁 夏	144 897	3 254	1 728	286
新 疆	60 034	13 013	6 559	1 359

4-24　续表

单位：个

地　区	年出栏 1 000～2 999 头场（户）数	年出栏 3 000～4 999 头场（户）数	年出栏 5 000～9 999 头场（户）数	年出栏 10 000～49 999 头场（户）数	年出栏 50 000 头以上场（户）数
全国总计	**64 436**	**13 301**	**7 079**	**4 261**	**311**
北　京	259	90	72	28	0
天　津	287	83	52	34	3
河　北	3 362	572	307	201	10
山　西	1 292	350	173	103	1
内蒙古	561	100	35	17	6
辽　宁	1 844	488	191	73	3
吉　林	2 063	456	162	45	2
黑龙江	1 598	547	215	89	2
上　海	89	6	35	50	4
江　苏	5 072	542	399	248	34
浙　江	1 072	275	196	139	11
安　徽	2 717	684	337	124	4
福　建	1 921	591	335	227	8
江　西	4 068	732	445	291	16
山　东	5 260	968	362	175	20
河　南	6 190	1 432	867	476	75
湖　北	5 361	780	445	533	25
湖　南	5 521	1 310	637	253	23
广　东	4 126	791	457	292	25
广　西	1 933	500	240	134	11
海　南	334	89	49	59	3
重　庆	836	148	69	45	2
四　川	4 202	741	365	239	5
贵　州	389	115	71	43	3
云　南	1 305	247	187	97	3
西　藏	3	0	2	0	0
陕　西	1 298	330	189	134	5
甘　肃	675	144	58	30	0
青　海	33	8	5	5	1
宁　夏	100	20	10	5	0
新　疆	665	162	112	72	6

4-25 各地区蛋鸡饲养规模场（户）数情况

单位：个

地区	年存栏 1～499只 场（户）数	年存栏 500～1 999只 场（户）数	年存栏 2 000～9 999只 场（户）数
全国总计	**12 184 953**	**253 880**	**178 350**
北京	6 962	786	361
天津	12 620	1 060	909
河北	813 035	54 144	30 960
山西	158 501	10 181	11 674
内蒙古	395 133	5 266	3 387
辽宁	661 644	10 042	12 039
吉林	484 946	13 561	6 814
黑龙江	287 616	22 312	7 074
上海	25 431	31	15
江苏	170 595	7 487	14 473
浙江	59 811	656	582
安徽	481 657	10 662	7 780
福建	55 476	393	125
江西	435 366	3 192	1 474
山东	466 473	24 660	26 175
河南	1 090 372	36 661	20 359
湖北	545 634	5 188	9 944
湖南	627 919	11 167	4 426
广东	436 140	408	177
广西	188 576	331	108
海南	103 921	48	37
重庆	569 149	3 498	1 081
四川	1 654 289	10 400	3 656
贵州	215 747	1 326	943
云南	495 093	2 197	2 625
西藏			
陕西	609 875	8 674	5 985
甘肃	553 405	4 461	2 134
青海	10 122	155	48
宁夏	147 186	649	833
新疆	422 259	4 284	2 152

4－25 续表

单位：个

地　区	年存栏 10 000～49 999 只 场（户）数	年存栏 50 000～99 999 只 场（户）数	年存栏 100 000～499 999 只 场（户）数	年存栏 500 000 只以上 场（户）数
全国总计	**38 804**	**2 435**	**913**	**52**
北　京	124	22	12	4
天　津	333	28	1	0
河　北	3 540	188	44	6
山　西	1 601	118	66	7
内蒙古	544	34	7	1
辽　宁	2 326	175	54	1
吉　林	1 066	79	11	3
黑龙江	736	33	16	1
上　海	8	7	4	0
江　苏	3 775	238	73	3
浙　江	364	30	14	1
安　徽	1 167	92	25	1
福　建	213	47	32	1
江　西	566	39	22	1
山　东	5 578	237	80	2
河　南	4 622	212	70	2
湖　北	5 834	334	95	2
湖　南	1 228	73	15	0
广　东	141	41	25	1
广　西	46	10	12	3
海　南	40	14	10	0
重　庆	479	22	15	1
四　川	1 073	109	49	3
贵　州	332	35	45	1
云　南	1 057	79	50	1
西　藏				
陕　西	936	43	15	2
甘　肃	345	38	7	0
青　海	29	7	3	0
宁　夏	148	8	5	2
新　疆	553	43	36	2

4-26　各地区肉鸡饲养规模场（户）数情况

单位：个

地　区	年出栏 1～1 999 只 场（户）数	年出栏 2 000～9 999 只 场（户）数	年出栏 10 000～29 999 只 场（户）数	年出栏 30 000～49 999 只 场（户）数
全国总计	**20 148 867**	**214 150**	**88 750**	**32 683**
北　京	314	536	550	137
天　津	357	578	362	340
河　北	114 743	10 354	4 063	2 237
山　西	17 443	705	1 066	694
内蒙古	225 182	4 895	305	89
辽　宁	80 156	14 886	10 649	3 575
吉　林	143 835	14 913	9 476	1 380
黑龙江	166 658	12 987	1 569	434
上　海	52 440	124	107	30
江　苏	148 288	3 285	3 755	1 786
浙　江	211 860	2 689	1 831	734
安　徽	589 688	9 608	3 766	2 401
福　建	256 950	1 801	439	167
江　西	485 057	6 386	2 620	943
山　东	99 496	18 092	10 990	7 668
河　南	276 727	9 232	4 290	1 874
湖　北	348 829	3 791	3 203	1 085
湖　南	1 877 341	15 256	1 696	483
广　东	2 308 945	18 202	11 693	2 885
广　西	2 928 416	23 358	4 923	1 011
海　南	1 335 485	2 315	1 454	453
重　庆	532 991	4 773	1 144	272
四　川	3 327 787	15 322	2 988	911
贵　州	1 495 612	2 302	586	91
云　南	1 475 558	6 118	2 874	453
西　藏				
陕　西	269 571	2 265	767	252
甘　肃	594 615	1 350	326	22
青　海	22 942	40	13	3
宁　夏	106 578	651	85	18
新　疆	655 003	7 336	1 160	255

4-26 续表

单位：个

地 区	年出栏 50 000～99 999 只 场（户）数	年出栏 100 000～499 999 只 场（户）数	年出栏 500 000～999 999 只 场（户）数	年出栏 100 万只以上 场（户）数
全国总计	**20 940**	**7 419**	**938**	**928**
北 京	121	15	2	0
天 津	287	119	19	1
河 北	1 011	454	59	32
山 西	442	250	35	29
内蒙古	145	68	1	2
辽 宁	1 727	739	68	26
吉 林	661	156	17	18
黑龙江	236	64	23	28
上 海	44	12	0	2
江 苏	1 236	509	83	106
浙 江	427	70	5	4
安 徽	1 808	418	26	35
福 建	190	160	4	194
江 西	293	88	12	6
山 东	6 940	2 121	409	244
河 南	1 302	628	56	37
湖 北	903	590	33	64
湖 南	348	122	5	15
广 东	1 295	321	26	14
广 西	402	160	21	33
海 南	150	54	6	5
重 庆	73	20	1	2
四 川	348	78	1	0
贵 州	39	20	1	3
云 南	197	73	5	2
西 藏				
陕 西	190	65	7	2
甘 肃	17	1	0	16
青 海	2	3	0	0
宁 夏	5	2	0	0
新 疆	101	39	13	8

4-27　各地区奶牛饲养规模场（户）数情况

单位：个

地　区	年存栏 1～4头 场（户）数	年存栏 5～9头 场（户）数	年存栏 10～19头 场（户）数	年存栏 20～49头 场（户）数
全国总计	**1 024 237**	**160 244**	**63 820**	**30 656**
北　京	108	150	158	116
天　津	566	300	211	173
河　北	39 758	5 149	761	651
山　西	24 107	4 857	2 405	925
内蒙古	20 513	11 978	6 797	3 736
辽　宁	4 134	2 485	1 409	529
吉　林	22 578	5 085	3 592	1 197
黑龙江	41 058	15 517	6 310	4 050
上　海	0	0	0	0
江　苏	197	48	98	128
浙　江	68	74	75	79
安　徽	548	199	143	120
福　建	1 423	320	132	15
江　西	513	397	187	94
山　东	7 881	4 160	2 738	2 516
河　南	53 949	5 276	3 307	1 582
湖　北	7	15	4	6
湖　南	715	783	101	73
广　东	415	95	28	31
广　西	124	82	142	59
海　南	0	0	0	0
重　庆	336	121	50	22
四　川	17 803	2 865	1 370	441
贵　州	130	31	16	8
云　南	49 785	3 562	722	395
西　藏	59 000	5 020	50	2
陕　西	41 705	5 901	3 708	2 384
甘　肃	19 238	4 126	1 850	597
青　海	82 359	6 234	851	214
宁　夏	692	1 904	1 007	447
新　疆	534 527	73 510	25 598	10 066

4－27　续表

单位：个

地　区	年存栏 50～99 头 场（户）数	年存栏 100～199 头 场（户）数	年存栏 200～499 头 场（户）数	年存栏 500～999 头 场（户）数	年存栏 1 000 头以上 场（户）数
全国总计	**11 251**	**5 024**	**3 261**	**1 924**	**1 479**
北　京	50	88	97	32	25
天　津	146	17	32	49	27
河　北	368	456	405	589	413
山　西	277	100	224	80	34
内蒙古	2 982	2 181	598	219	170
辽　宁	132	81	92	27	92
吉　林	412	123	78	26	11
黑龙江	1 038	611	394	97	85
上　海	1	5	21	20	18
江　苏	41	49	72	63	42
浙　江	73	34	17	9	12
安　徽	44	31	31	14	15
福　建	2	2	2	8	18
江　西	25	32	6	5	0
山　东	1 516	414	418	250	121
河　南	457	131	243	125	66
湖　北	2	2	10	9	11
湖　南	15	5	4	1	3
广　东	47	18	6	7	15
广　西	6	7	19	5	4
海　南	0	0	2	0	0
重　庆	10	5	4	5	2
四　川	105	29	48	23	9
贵　州	0	1	4	1	5
云　南	103	19	31	9	9
西　藏	0	3	3	1	1
陕　西	950	200	171	83	42
甘　肃	162	65	40	21	34
青　海	32	31	14	3	3
宁　夏	57	55	38	93	118
新　疆	2 198	229	137	50	74

4-28　各地区肉牛饲养规模场（户）数情况

单位：个

地　　区	年出栏 1～9头 场（户）数	年出栏 10～49头 场（户）数	年出栏 50～99头 场（户）数
全国总计	**10 006 303**	**409 539**	**82 857**
北　　京	391	406	166
天　　津	1 771	1 415	423
河　　北	481 568	27 348	3 790
山　　西	114 068	8 409	1 295
内 蒙 古	251 701	41 989	9 698
辽　　宁	176 898	27 572	4 449
吉　　林	322 844	42 603	14 732
黑 龙 江	209 739	39 498	7 144
上　　海	0	0	0
江　　苏	60 302	2 131	561
浙　　江	19 637	681	106
安　　徽	253 600	6 924	1 922
福　　建	58 251	1 112	113
江　　西	502 709	8 639	1 487
山　　东	331 626	25 569	6 857
河　　南	981 140	19 383	2 747
湖　　北	383 825	10 406	3 510
湖　　南	558 555	23 905	4 651
广　　东	203 770	2 404	328
广　　西	670 966	6 099	769
海　　南	99 712	1 916	240
重　　庆	184 209	6 759	790
四　　川	579 328	18 252	2 930
贵　　州	635 487	6 994	1 068
云　　南	1 409 509	16 960	2 139
西　　藏	200 000	0	0
陕　　西	209 650	5 313	1 246
甘　　肃	472 169	12 771	2 420
青　　海	38 358	2 253	252
宁　　夏	244 675	14 875	1 076
新　　疆	349 845	26 953	5 948

4－28　续表

单位：个

地　区	年出栏 100～499 头 场（户）数	年出栏 500～999 头 场（户）数	年出栏 1 000 头以上 场（户）数
全国总计	**24 380**	**3 214**	**948**
北　京	96	16	7
天　津	184	13	2
河　北	1 149	160	58
山　西	459	47	23
内蒙古	2 256	330	90
辽　宁	1 279	170	25
吉　林	2 310	488	102
黑龙江	1 862	265	56
上　海	0	0	0
江　苏	183	40	16
浙　江	27	0	0
安　徽	776	102	29
福　建	58	11	9
江　西	456	52	14
山　东	1 946	241	72
河　南	2 226	319	103
湖　北	2 272	205	84
湖　南	956	49	10
广　东	116	8	2
广　西	193	15	5
海　南	27	3	0
重　庆	241	26	8
四　川	962	96	19
贵　州	216	28	5
云　南	655	59	19
西　藏	0	0	0
陕　西	273	15	6
甘　肃	955	199	73
青　海	130	29	11
宁　夏	307	44	17
新　疆	1 810	184	83

4-29　各地区羊饲养规模场（户）数情况

单位：个

地　区	年出栏 1～29 只 场（户）数	年出栏 30～99 只 场（户）数	年出栏 100～199 只 场（户）数	年出栏 200～499 只 场（户）数
全国总计	**13 486 121**	**1 593 380**	**313 851**	**131 232**
北　京	4 195	3 885	881	298
天　津	3 651	4 859	544	404
河　北	525 255	117 942	13 262	7 004
山　西	175 199	66 675	18 373	7 976
内蒙古	640 542	224 338	88 693	41 041
辽　宁	170 328	59 314	13 432	4 060
吉　林	55 294	46 393	4 198	1 837
黑龙江	100 947	42 397	7 805	2 373
上　海	36 527	810	112	49
江　苏	795 227	26 278	4 594	2 739
浙　江	120 123	5 405	1 173	735
安　徽	533 022	55 736	7 071	4 047
福　建	53 172	5 166	598	417
江　西	76 439	4 809	1 089	223
山　东	848 948	151 483	20 895	9 387
河　南	1 407 989	60 156	7 669	4 589
湖　北	521 005	23 195	8 691	4 037
湖　南	498 329	34 691	6 570	3 831
广　东	14 586	3 085	655	221
广　西	162 670	14 650	1 836	411
海　南	52 692	3 090	453	90
重　庆	421 136	27 452	2 096	759
四　川	1 916 829	86 116	8 842	2 790
贵　州	546 675	20 995	2 256	660
云　南	674 771	46 373	4 214	711
西　藏	331 000	43 000	1	0
陕　西	471 971	59 164	4 972	1 793
甘　肃	714 331	62 020	12 387	5 200
青　海	150 339	46 150	12 458	4 494
宁　夏	258 843	30 026	16 032	3 801
新　疆	1 204 086	217 727	41 999	15 255

4-29　续表

单位：个

地　区	年出栏 500～999只 场（户）数	年出栏 1 000～2 999只 场（户）数	年出栏 3 000只以上 场（户）数
全国总计	**35 223**	**8 637**	**1 503**
北　京	142	21	5
天　津	28	9	2
河　北	2 149	1 029	99
山　西	2 016	598	207
内蒙古	10 283	1 445	220
辽　宁	916	231	4
吉　林	585	101	18
黑龙江	495	119	11
上　海	17	5	5
江　苏	917	432	83
浙　江	184	111	16
安　徽	1 468	294	59
福　建	64	25	4
江　西	74	21	1
山　东	2 519	1 035	76
河　南	1 444	541	104
湖　北	790	156	35
湖　南	392	21	0
广　东	30	9	1
广　西	34	6	0
海　南	26	7	0
重　庆	160	28	0
四　川	746	118	11
贵　州	157	74	6
云　南	221	41	5
西　藏	0	2	2
陕　西	482	72	6
甘　肃	1 134	295	49
青　海	572	171	40
宁　夏	1 344	333	190
新　疆	5 834	1 287	244

五、畜产品及饲料集市价格

5－1　各地区2016年1月畜产品及饲料集市价格

单位：元/千克、元/只

地　区	仔猪	活猪	猪肉	鸡蛋	商品代蛋雏鸡	商品代肉雏鸡	活鸡	白条鸡	牛肉
全国均价	**32.18**	**17.62**	**27.66**	**10.10**	**3.14**	**2.60**	**18.93**	**19.05**	**63.38**
北　京	25.25	17.39	26.91	9.05	3.57	5.27		14.86	53.95
天　津	31.25	17.83	29.28	8.98	2.72	1.75	8.69	14.92	57.40
河　北	32.89	17.59	27.09	8.53	2.74	2.07	10.54	14.60	51.31
山　西	34.18	17.22	26.68	8.44	3.31	2.75	12.37	16.38	53.59
内蒙古	35.67	17.08	27.23	9.03	4.64	4.84	16.34	16.97	55.09
辽　宁	46.16	17.41	27.84	8.49	2.46	1.75	27.12	15.12	58.32
吉　林	37.86	17.46	26.90	8.47	3.93	1.71	16.35	13.64	59.76
黑龙江	29.33	17.03	26.14	8.14	2.41	2.11	10.85	13.35	57.65
上　海	32.07	18.18	29.20	10.31	3.50	1.24	23.35	25.16	73.50
江　苏	25.42	17.08	27.31	9.02	2.90	2.31	17.71	16.90	63.39
浙　江	25.00	18.11	29.42	10.97	2.70	2.04	16.11	19.51	78.01
安　徽	33.40	17.71	27.66	9.33	2.67	1.53	16.29	15.94	63.85
福　建	38.14	17.68	26.25	10.40	3.32	2.03	21.65	20.29	76.87
江　西	35.66	17.61	27.21	11.61	3.38	2.68	24.60	22.74	78.59
山　东	25.67	17.31	28.24	8.79	2.77	2.21	9.21	14.35	58.50
河　南	34.70	17.66	27.59	8.73	2.72	2.10	12.09	13.78	57.47
湖　北	35.52	17.76	28.50	9.67	3.07	2.23	18.88	15.94	66.22
湖　南	34.88	18.10	28.66	11.18	3.30	3.09	26.70	24.00	77.21
广　东	39.59	17.38	25.68	12.25	2.71	1.86	23.49	28.98	75.90
广　西	25.89	16.87	25.99	13.50	3.30	1.59	25.76	30.49	72.49
海　南	28.93	17.91	30.75	13.38	4.25	3.17	30.87	34.43	93.38
重　庆	24.52	18.20	27.66	11.05	2.85	2.79	21.79	18.88	64.38
四　川	24.08	18.39	28.44	12.52	4.15	3.86	27.05	23.43	62.41
贵　州	24.88	18.68	30.14	12.67	3.95	4.85	23.43	23.15	70.28
云　南	28.86	17.58	29.00	11.24	3.60	3.81	18.44	20.81	64.35
西　藏									
陕　西	40.56	17.71	27.82	8.79	3.16	2.22	15.55	17.44	56.35
甘　肃	35.49	17.63	28.21	9.50	4.21	3.86	19.58	21.25	58.44
青　海	36.07	19.31	27.58	10.11	3.18	2.45	24.41	23.54	53.53
宁　夏	31.57	17.10	27.11	9.03	3.00	2.61	17.25	16.58	56.04
新　疆	28.68	15.95	25.14	8.85	3.16	3.20	19.14	20.16	53.41

5-1 续表

单位：元/千克、元/只

地 区	生鲜乳	羊肉	玉米	豆粕	小麦麸	进口鱼粉	育肥猪配合饲料	肉鸡配合饲料	蛋鸡配合饲料
全国均价	**3.84**	**57.66**	**2.10**	**3.08**	**1.67**	**12.24**	**3.08**	**3.15**	**2.88**
北 京	3.81	54.45	2.01	2.68	1.24	14.30	2.77	3.07	2.76
天 津	3.80	59.35	1.96	2.67	1.18	9.12	2.49	3.28	2.40
河 北	3.30	48.84	1.86	2.72	1.27	11.35	2.72	3.16	2.47
山 西	3.81	48.72	1.81	3.13	1.57	13.57	3.01	3.17	2.56
内蒙古	3.38	45.97	2.03	3.45	1.66	9.79	3.57	3.24	3.14
辽 宁	4.53	54.21	2.04	2.88	1.72	12.20	3.10	3.03	2.73
吉 林	4.18	53.10	1.97	3.28	1.86	13.19	2.91	2.79	2.58
黑龙江	3.19	50.37	2.00	3.37	1.89	11.76	3.19	3.15	2.76
上 海	4.53	66.25	2.27	2.67	1.47	13.01	3.12	3.13	2.92
江 苏	3.97	57.18	1.97	2.76	1.35	13.60	2.57	2.90	2.47
浙 江	4.34	67.51	2.26	2.75	1.58	12.32	2.90	2.89	2.76
安 徽	3.79	56.66	2.07	2.88	1.45	11.25	2.68	2.85	2.66
福 建	4.82	72.82	2.29	2.71	1.55	12.96	2.85	2.94	2.90
江 西	4.24	70.04	2.46	3.22	2.07	13.85	3.09	3.20	3.18
山 东	3.38	56.68	1.88	2.75	1.29	11.18	2.83	2.82	2.45
河 南	3.83	54.02	1.87	2.88	1.41	12.28	2.83	2.99	2.65
湖 北	4.49	58.94	2.17	2.98	1.67	11.11	2.89	2.88	2.67
湖 南		67.98	2.27	3.17	1.87	10.62	3.12	3.22	3.13
广 东	5.55	65.16	2.33	2.81	1.64	12.73	3.04	3.07	3.08
广 西	4.94	71.92	2.46	3.36	1.97	13.37	3.25	3.22	2.98
海 南		101.90	2.33	3.08	1.94		3.18	3.15	3.08
重 庆	4.88	50.47	2.21	2.91	1.79	11.45	3.21	3.24	3.09
四 川	4.15	62.70	2.29	3.50	1.84	12.12	3.46	3.37	3.26
贵 州	4.15	74.86	2.48	3.47	2.26	12.58	3.72	3.69	3.55
云 南	3.48	72.71	2.29	3.50	2.15	12.77	3.54	3.66	3.49
西 藏									
陕 西	2.99	50.65	1.70	2.95	1.47	9.94	3.02	3.12	2.65
甘 肃	4.64	42.21	2.00	3.49	1.74	11.40	3.42	3.42	3.34
青 海	4.43	38.56	2.29	3.34	1.89		3.42	3.47	3.18
宁 夏	4.09	38.18	1.74	3.29	1.65	12.50	3.01	3.02	2.75
新 疆	3.60	41.33	1.95	3.82	1.74	14.70	3.27	3.25	3.06

5-2 各地区2016年2月畜产品及饲料集市价格

单位：元/千克、元/只

地区	仔猪	活猪	猪肉	鸡蛋	商品代蛋雏鸡	商品代肉雏鸡	活鸡	白条鸡	牛肉
全国均价	**35.05**	**18.37**	**28.86**	**10.31**	**3.23**	**2.91**	**19.53**	**19.50**	**64.36**
北京	27.03	17.87	28.07	9.08	3.61	5.27		16.11	55.10
天津	33.13	18.44	30.78	8.73	2.73	2.36	8.67	14.96	57.80
河北	37.12	18.28	28.38	8.57	2.80	2.56	10.55	14.77	52.51
山西	37.44	18.32	29.00	8.91	3.33	2.94	12.57	16.64	54.47
内蒙古	36.07	17.46	27.79	9.55	4.79	4.95	16.45	17.18	55.73
辽宁	51.18	18.15	29.03	8.67	2.73	2.41	28.59	15.40	58.84
吉林	45.25	18.33	28.08	8.65	4.12	2.47	16.84	13.77	60.00
黑龙江	30.91	17.49	26.84	8.41	2.46	2.18	10.89	13.48	57.21
上海	35.28	18.81	30.26	10.88				26.07	76.17
江苏	28.17	18.16	28.75	8.98	3.05	2.90	18.42	17.19	63.40
浙江	26.64	19.21	30.50	11.03	2.69	2.33	16.54	19.86	79.99
安徽	35.98	18.84	28.99	9.74	2.74	1.84	17.26	16.48	64.47
福建	41.71	18.31	27.22	10.58	3.38	2.11	22.87	20.96	78.97
江西	38.91	18.60	28.44	12.10	3.42	2.81	25.68	23.32	82.01
山东	28.41	18.02	29.42	8.57	2.89	3.21	9.68	15.06	58.97
河南	38.05	18.41	29.33	8.71	2.85	2.47	12.40	14.24	57.58
湖北	39.60	18.30	29.38	9.74	3.26	2.70	19.22	16.17	67.98
湖南	37.43	18.89	30.01	11.52	3.38	3.14	27.05	24.34	78.36
广东	44.00	18.16	26.79	12.68	2.70	2.08	24.91	29.92	77.97
广西	28.66	17.73	27.33	13.78	3.29	1.66	27.18	31.41	74.25
海南	30.91	17.56	30.80	13.56	4.50	3.22	33.98	35.95	96.65
重庆	27.46	19.01	28.85	11.74	3.00	2.84	22.91	18.77	65.08
四川	26.14	18.99	29.60	12.76	4.15	3.92	27.90	24.59	62.93
贵州	26.03	19.52	31.27	12.86	3.94	4.82	23.82	23.37	70.89
云南	30.45	18.07	29.67	11.25	3.65	3.97	18.77	21.41	64.42
西藏									
陕西	46.77	18.90	29.89	9.23	3.18	2.69	15.92	17.70	57.50
甘肃	36.04	18.70	29.51	9.82	4.22	3.89	20.52	22.11	58.34
青海	37.04	19.78	28.66	10.30	3.20	2.75	24.61	23.62	54.75
宁夏	33.92	17.82	27.44	9.38	3.13	2.72	17.84	17.24	57.17
新疆	29.00	16.24	25.82	9.15	3.19	3.20	19.20	20.17	54.46

5-2 续表

单位：元/千克、元/只

地 区	生鲜乳	羊肉	玉米	豆粕	小麦麸	进口鱼粉	育肥猪配合饲料	肉鸡配合饲料	蛋鸡配合饲料
全国均价	**3.84**	**58.35**	**2.09**	**3.10**	**1.67**	**12.25**	**3.08**	**3.14**	**2.88**
北 京	3.69	54.75	1.95	2.67	1.22	14.30	2.73	3.06	2.75
天 津	3.81	58.75	1.96	2.68	1.20	9.08	2.50	3.26	2.40
河 北	3.31	49.87	1.84	2.74	1.27	11.33	2.71	3.13	2.48
山 西	3.79	49.72	1.80	3.15	1.49	13.56	3.02	3.14	2.56
内蒙古	3.39	47.03	2.04	3.44	1.68	9.82	3.61	3.24	3.14
辽 宁	4.56	54.56	2.02	2.90	1.70	12.16	3.10	3.02	2.73
吉 林	4.23	53.01	1.97	3.29	1.87	13.17	2.90	2.80	2.58
黑龙江	3.18	50.09	2.03	3.36	1.90	11.83	3.20	3.14	2.77
上 海	4.46	67.08	2.24	2.70	1.46	12.57	3.12	3.14	2.92
江 苏	3.89	57.21	1.97	2.78	1.34	13.60	2.56	2.90	2.47
浙 江	4.38	69.31	2.26	2.77	1.59	12.39	2.90	2.88	2.76
安 徽	3.75	57.32	2.02	2.89	1.45	11.17	2.67	2.84	2.65
福 建	4.83	74.76	2.29	2.74	1.56	13.02	2.86	2.96	2.92
江 西	4.25	70.41	2.46	3.24	2.06	13.83	3.09	3.20	3.17
山 东	3.32	57.72	1.84	2.77	1.29	11.16	2.81	2.82	2.44
河 南	3.83	54.14	1.85	2.90	1.41	12.29	2.84	2.96	2.63
湖 北	4.17	58.69	2.15	2.99	1.66	10.94	2.90	2.88	2.66
湖 南		67.70	2.27	3.17	1.87	10.73	3.08	3.17	3.09
广 东	5.54	66.82	2.33	2.84	1.66	12.62	3.04	3.07	3.08
广 西	4.93	74.14	2.46	3.34	1.96	13.49	3.24	3.21	2.96
海 南		102.25	2.34	3.10	1.88		3.16	3.11	3.06
重 庆	4.85	51.26	2.17	2.94	1.79	11.59	3.20	3.23	3.05
四 川	4.14	63.28	2.27	3.49	1.84	12.11	3.46	3.36	3.25
贵 州	4.13	74.97	2.44	3.46	2.24	12.39	3.69	3.69	3.53
云 南	3.55	72.73	2.31	3.52	2.15	12.87	3.54	3.65	3.49
西 藏									
陕 西	2.98	51.15	1.71	2.96	1.45	10.55	2.97	3.06	2.59
甘 肃	4.84	42.47	1.98	3.50	1.72	11.40	3.39	3.39	3.31
青 海	4.41	41.07	2.27	3.34	1.88		3.44	3.49	3.20
宁 夏	4.14	39.25	1.75	3.29	1.64	12.63	3.05	3.04	2.76
新 疆	3.73	43.08	1.96	3.86	1.76	14.64	3.29	3.24	3.05

5-3 各地区2016年3月畜产品及饲料集市价格

单位：元/千克、元/只

地区	仔猪	活猪	猪肉	鸡蛋	商品代蛋雏鸡	商品代肉雏鸡	活鸡	白条鸡	牛肉
全国均价	**40.77**	**18.90**	**28.97**	**9.35**	**3.36**	**3.33**	**18.98**	**19.13**	**63.31**
北京	33.74	18.58	27.82	7.44	3.52	5.27		15.84	55.52
天津	33.80	18.84	30.14	7.29	2.75	3.10	8.86	14.13	55.32
河北	45.04	18.59	28.24	7.03	3.08	3.46	10.11	14.64	51.78
山西	44.24	18.63	28.89	7.30	3.40	3.27	12.40	16.29	53.23
内蒙古	37.41	17.42	27.44	8.55	4.79	5.06	16.08	16.95	55.22
辽宁	60.61	18.53	29.24	7.31	3.03	3.48	27.20	15.50	58.24
吉林	51.93	18.31	27.57	7.50	4.14	3.62	17.54	14.14	58.95
黑龙江	34.39	17.72	26.55	7.22	2.56	2.59	10.93	13.59	56.74
上海	39.61	19.82	30.72	10.17				24.39	75.20
江苏	34.03	18.79	29.01	7.75	3.16	3.46	18.36	17.00	61.96
浙江	30.17	20.09	31.28	10.35	2.83	2.88	16.93	19.91	79.52
安徽	42.19	19.41	29.83	8.69	2.97	2.35	16.58	15.96	63.14
福建	48.94	19.90	28.00	9.43	3.46	2.38	22.00	21.17	77.26
江西	45.89	19.40	28.98	11.67	3.42	2.92	24.52	22.61	78.82
山东	34.76	18.67	29.37	7.15	3.05	4.03	9.95	15.04	57.98
河南	46.30	18.89	29.12	7.17	3.10	3.05	12.36	14.14	56.54
湖北	46.77	18.75	28.98	8.80	3.46	3.35	18.78	15.64	66.05
湖南	44.93	19.54	30.67	11.12	3.43	3.22	26.24	23.57	77.49
广东	50.46	19.59	27.76	12.15	2.71	2.47	24.74	29.59	76.67
广西	32.91	18.40	27.84	13.38	3.51	1.71	26.64	30.99	73.44
海南	37.11	18.58	30.58	13.11	3.94	3.20	31.64	33.20	94.52
重庆	31.75	19.53	28.79	10.25	3.03	2.83	21.85	18.17	63.10
四川	30.01	19.57	29.98	12.13	4.23	3.87	26.51	23.81	62.05
贵州	29.60	19.80	31.60	12.60	4.04	4.73	23.12	22.94	70.10
云南	33.71	18.71	29.65	10.71	3.78	4.09	17.98	21.09	63.55
西藏									
陕西	57.92	18.73	28.98	7.81	3.19	3.25	15.06	16.99	56.44
甘肃	38.25	19.12	29.12	9.30	4.23	3.90	20.34	21.52	57.29
青海	39.63	19.84	28.53	9.54	3.36	3.32	24.64	23.18	54.67
宁夏	37.31	18.02	27.57	8.45	3.23	3.05	17.43	17.02	56.70
新疆	30.19	16.82	26.34	8.62	3.27	3.35	18.63	19.68	54.67

5-3 续表

单位：元/千克、元/只

地区	生鲜乳	羊肉	玉米	豆粕	小麦麸	进口鱼粉	育肥猪配合饲料	肉鸡配合饲料	蛋鸡配合饲料
全国均价	**3.81**	**57.24**	**2.04**	**3.03**	**1.62**	**12.17**	**3.04**	**3.10**	**2.83**
北京	3.55	56.52	1.79	2.64	1.21	14.30	2.70	2.96	2.64
天津	3.77	57.52	1.76	2.53	1.14	8.64	2.36	3.15	2.30
河北	3.29	49.50	1.70	2.64	1.21	11.28	2.64	3.07	2.41
山西	3.77	48.71	1.73	3.11	1.43	13.34	2.98	3.15	2.54
内蒙古	3.34	46.83	2.00	3.48	1.67	9.84	3.73	3.23	3.15
辽宁	4.55	54.18	1.98	2.81	1.67	11.87	3.07	3.00	2.70
吉林	4.19	52.16	1.97	3.28	1.86	13.09	2.90	2.80	2.58
黑龙江	3.16	50.03	2.02	3.34	1.93	11.77	3.20	3.13	2.78
上海	4.33	65.67	2.13	2.64	1.37	12.58	3.06	3.09	2.86
江苏	3.89	54.43	1.90	2.70	1.28	13.18	2.50	2.83	2.41
浙江	4.35	67.67	2.22	2.71	1.51	12.52	2.87	2.87	2.73
安徽	3.71	55.33	1.97	2.83	1.38	11.17	2.65	2.81	2.61
福建	4.69	72.03	2.18	2.60	1.47	12.67	2.77	2.88	2.83
江西	4.24	68.06	2.40	3.17	2.01	13.65	3.02	3.14	3.11
山东	3.30	56.83	1.71	2.65	1.23	11.00	2.72	2.74	2.34
河南	3.80	53.07	1.77	2.80	1.33	12.41	2.77	2.94	2.58
湖北	4.19	55.03	2.10	2.91	1.62	10.77	2.87	2.83	2.61
湖南		65.14	2.25	3.12	1.85	10.65	3.07	3.16	3.07
广东	5.48	65.00	2.27	2.77	1.60	12.48	3.00	3.02	3.06
广西	4.88	73.04	2.45	3.31	1.94	13.33	3.22	3.20	2.95
海南		98.60	2.28	2.95	1.85		3.10	3.02	2.94
重庆	4.85	49.23	2.13	2.86	1.69	11.40	3.12	3.18	3.00
四川	4.07	61.03	2.21	3.40	1.79	11.95	3.41	3.32	3.21
贵州	4.14	73.99	2.42	3.46	2.22	12.43	3.66	3.67	3.49
云南	3.58	72.00	2.31	3.52	2.14	12.79	3.50	3.63	3.46
西藏									
陕西	2.88	49.39	1.64	2.85	1.36	10.70	2.96	2.97	2.54
甘肃	4.83	41.58	1.95	3.46	1.67	11.34	3.37	3.38	3.26
青海	4.25	44.50	2.25	3.33	1.84		3.41	3.46	3.17
宁夏	4.05	38.54	1.73	3.24	1.62	12.54	3.03	3.00	2.74
新疆	3.81	45.22	1.93	3.85	1.76	14.85	3.26	3.23	3.03

5-4 各地区2016年4月畜产品及饲料集市价格

单位：元/千克、元/只

地 区	仔猪	活猪	猪肉	鸡蛋	商品代蛋雏鸡	商品代肉雏鸡	活鸡	白条鸡	牛肉
全国均价	**47.30**	**19.84**	**30.20**	**9.11**	**3.47**	**3.14**	**18.82**	**19.05**	**62.85**
北 京	35.31	19.61	29.02	7.52	3.55	5.27		15.21	54.10
天 津	43.25	19.98	31.92	7.51	3.10	2.40	8.51	14.00	55.80
河 北	53.05	19.79	29.91	7.11	3.19	3.29	10.30	14.63	51.50
山 西	55.02	19.83	29.82	7.19	3.41	2.89	12.33	16.03	52.82
内蒙古	44.99	18.36	28.64	8.17	4.88	5.05	16.17	17.05	55.47
辽 宁	80.50	19.71	30.90	7.21	3.14	2.85	26.54	15.49	57.83
吉 林	61.45	19.50	29.21	7.34	4.02	3.03	17.54	14.60	58.46
黑龙江	40.69	19.26	28.24	7.11	2.74	2.63	11.20	13.67	57.21
上 海	44.05	20.59	32.03	9.89				24.15	75.75
江 苏	41.18	19.50	30.30	7.61	3.29	2.88	18.11	16.99	61.05
浙 江	34.43	20.63	32.51	10.06	2.99	2.66	16.59	19.72	79.07
安 徽	48.71	20.24	31.00	8.39	3.09	2.05	15.47	15.72	62.08
福 建	55.42	20.90	29.45	9.10	3.55	2.37	21.37	20.92	76.94
江 西	50.31	20.29	30.00	11.21	3.55	3.04	24.26	22.23	77.08
山 东	41.46	19.66	30.79	7.12	3.16	3.04	9.68	14.81	57.99
河 南	53.43	19.77	30.14	7.04	3.25	2.76	12.20	14.09	56.39
湖 北	51.97	19.74	29.84	8.55	3.57	3.44	18.76	15.48	65.10
湖 南	51.68	20.44	32.13	10.89	3.48	3.20	26.40	23.49	76.41
广 东	54.57	20.77	28.74	11.61	2.71	2.50	24.71	29.83	75.74
广 西	37.69	19.15	28.99	13.18	3.38	1.75	26.74	31.19	72.97
海 南	40.56	19.26	31.56	13.03	3.55	3.30	29.66	32.60	93.85
重 庆	35.77	20.46	29.94	9.31	3.05	2.77	21.75	17.97	62.05
四 川	33.63	20.19	30.78	11.64	4.29	3.95	25.88	23.27	61.68
贵 州	33.32	20.46	32.41	12.43	4.25	4.68	23.01	22.34	69.06
云 南	38.43	19.72	30.87	10.54	3.93	4.15	18.03	21.20	63.36
西 藏									
陕 西	69.81	19.48	30.27	7.47	3.60	2.99	15.18	17.00	56.25
甘 肃	42.23	20.32	30.16	8.84	4.27	3.89	20.76	21.79	57.28
青 海	44.14	20.66	29.75	9.14	3.02	2.75	24.59	23.07	54.99
宁 夏	43.87	18.81	28.67	8.23	3.21	3.07	17.52	17.07	56.19
新 疆	33.21	17.64	28.11	8.60	3.43	3.60	18.48	19.45	54.44

5-4 续表

单位：元/千克、元/只

地区	生鲜乳	羊肉	玉米	豆粕	小麦麸	进口鱼粉	育肥猪配合饲料	肉鸡配合饲料	蛋鸡配合饲料
全国均价	**3.75**	**56.80**	**1.98**	**2.98**	**1.56**	**12.15**	**3.00**	**3.05**	**2.78**
北京	3.45	55.10	1.71	2.65	1.15	14.30	2.64	2.79	2.46
天津	3.71	58.85	1.68	2.50	1.04	8.70	2.26	3.09	2.18
河北	3.27	49.81	1.63	2.58	1.13	11.40	2.54	2.99	2.33
山西	3.70	47.76	1.64	2.73	1.30	12.82	2.94	3.15	2.52
内蒙古	3.24	47.14	1.97	3.45	1.67	9.85	3.79	3.22	3.14
辽宁	4.53	54.26	1.89	2.76	1.59	11.71	2.99	2.92	2.57
吉林	4.22	52.24	1.93	3.17	1.84	12.93	2.87	2.75	2.56
黑龙江	3.16	50.63	2.00	3.37	1.93	11.66	3.21	3.12	2.81
上海	4.32	65.21	2.05	2.59	1.33	12.87	3.05	3.08	2.89
江苏	3.78	52.98	1.82	2.66	1.21	12.95	2.46	2.79	2.36
浙江	4.35	66.90	2.13	2.67	1.46	12.62	2.84	2.82	2.70
安徽	3.66	54.52	1.89	2.77	1.27	11.08	2.56	2.72	2.51
福建	4.55	70.49	2.10	2.61	1.37	13.00	2.69	2.80	2.73
江西	4.25	67.31	2.35	3.12	1.94	13.56	2.95	3.08	3.05
山东	3.30	56.94	1.64	2.61	1.15	11.24	2.66	2.68	2.29
河南	3.65	52.79	1.71	2.74	1.24	12.32	2.70	2.89	2.52
湖北	4.16	54.26	2.06	2.86	1.58	10.83	2.85	2.81	2.58
湖南		63.80	2.20	3.09	1.78	10.65	3.02	3.12	3.04
广东	5.42	63.58	2.17	2.71	1.51	12.32	2.97	2.96	3.02
广西	4.83	71.97	2.40	3.25	1.88	13.22	3.18	3.15	2.89
海南		96.75	2.22	2.93	1.82		3.07	3.02	2.88
重庆	4.83	48.56	2.06	2.80	1.60	11.32	3.03	3.08	2.93
四川	4.02	59.26	2.14	3.33	1.74	11.85	3.38	3.27	3.17
贵州	4.17	73.09	2.34	3.40	2.21	12.45	3.63	3.63	3.46
云南	3.56	71.10	2.30	3.46	2.08	12.89	3.46	3.60	3.45
西藏									
陕西	2.81	49.90	1.57	2.80	1.30	10.94	2.90	2.91	2.49
甘肃	4.81	42.18	1.94	3.39	1.63	11.25	3.35	3.34	3.22
青海	4.10	45.03	2.23	3.32	1.80		3.38	3.45	3.11
宁夏	3.99	38.59	1.73	3.23	1.62	12.31	3.05	3.01	2.78
新疆	3.67	46.21	1.91	3.88	1.75	14.90	3.26	3.23	2.99

5-5 各地区2016年5月畜产品及饲料集市价格

单位：元/千克、元/只

地 区	仔猪	活猪	猪肉	鸡蛋	商品代蛋雏鸡	商品代肉雏鸡	活鸡	白条鸡	牛肉
全国均价	**51.01**	**20.45**	**30.97**	**9.09**	**3.53**	**3.17**	**18.79**	**19.11**	**62.55**
北 京	41.46	20.87	29.58	7.80	3.62	5.27		14.60	52.95
天 津	58.38	21.06	33.33	7.60	3.17	2.38	8.64	14.33	55.70
河 北	56.46	20.52	30.64	7.19	3.26	3.35	10.40	14.60	51.38
山 西	60.55	20.29	30.61	7.23	3.49	2.97	12.22	16.05	52.42
内蒙古	48.84	18.91	29.23	8.38	4.73	4.94	16.45	17.09	55.49
辽 宁	84.71	20.77	31.89	7.42	3.16	2.93	26.37	15.42	57.40
吉 林	67.35	20.49	30.33	7.42	4.10	2.85	17.11	14.48	58.51
黑龙江	44.94	20.16	29.37	7.49	2.81	2.71	11.24	13.80	57.28
上 海	46.46	21.40	32.47	9.80			19.97	23.83	75.25
江 苏	46.07	20.37	30.67	7.58	3.31	2.98	17.65	16.69	61.03
浙 江	36.10	20.99	32.78	9.86	2.99	2.58	16.51	19.58	78.76
安 徽	51.09	20.49	31.18	8.32	3.12	1.82	15.06	15.59	61.58
福 建	59.50	21.40	30.48	9.03	3.55	2.25	21.33	20.62	76.80
江 西	53.86	20.81	30.70	11.07	3.57	3.09	24.14	22.14	76.60
山 东	44.88	20.49	32.21	7.23	3.35	3.25	9.71	14.82	58.08
河 南	56.60	20.40	30.85	7.04	3.35	2.81	12.00	14.06	56.11
湖 北	55.73	20.12	30.42	8.50	3.62	3.39	18.68	15.47	64.23
湖 南	54.61	20.78	32.50	10.55	3.59	3.30	26.73	23.96	75.37
广 东	58.73	21.52	29.72	11.40	2.89	2.47	24.79	30.06	75.28
广 西	42.35	20.23	30.45	12.94	3.44	1.82	26.72	31.17	72.45
海 南	44.29	20.53	33.15	13.11	3.80	3.30	29.16	33.23	93.00
重 庆	37.16	20.38	29.90	9.12	3.11	2.75	22.01	18.22	61.25
四 川	35.73	20.49	31.15	11.58	4.37	4.07	25.48	22.88	61.35
贵 州	35.87	20.92	33.01	12.39	4.24	4.60	23.56	23.22	68.45
云 南	40.40	19.66	31.06	10.42	3.93	4.12	18.03	21.18	63.45
西 藏									
陕 西	76.41	20.04	30.77	7.61	3.69	2.97	15.62	17.13	56.31
甘 肃	48.47	21.12	31.52	8.62	4.26	3.82	21.02	21.92	57.52
青 海	53.07	21.80	30.59	9.22	3.26	2.86	24.45	23.16	55.34
宁 夏	47.35	19.54	29.66	8.19	3.43	3.16	17.85	17.20	55.91
新 疆	34.42	18.31	29.99	8.77	3.43	3.76	18.39	19.55	54.01

5-5 续表

单位：元/千克、元/只

地 区	生鲜乳	羊肉	玉米	豆粕	小麦麸	进口鱼粉	育肥猪配合饲料	肉鸡配合饲料	蛋鸡配合饲料
全国均价	**3.74**	**56.37**	**1.97**	**3.08**	**1.55**	**12.28**	**3.00**	**3.05**	**2.78**
北 京	3.44	53.91	1.75	2.85	1.17	14.30	2.69	2.92	2.54
天 津	3.70	57.80	1.72	2.70	1.00	8.75	2.28	3.16	2.22
河 北	3.23	50.40	1.67	2.72	1.10	11.45	2.51	2.96	2.30
山 西	3.70	47.57	1.65	2.87	1.29	13.30	2.94	3.21	2.53
内蒙古	3.27	46.96	1.90	3.47	1.68	9.86	3.79	3.21	3.10
辽 宁	4.44	53.46	1.91	2.94	1.56	11.93	2.97	2.92	2.55
吉 林	4.26	52.21	1.93	3.22	1.86	12.87	2.89	2.76	2.57
黑龙江	3.18	50.55	1.98	3.40	1.92	11.63	3.21	3.11	2.77
上 海	4.30	65.25	2.03	2.79	1.32	12.77	3.07	3.10	2.91
江 苏	3.73	53.11	1.79	2.89	1.24	13.04	2.48	2.81	2.39
浙 江	4.31	66.34	2.06	2.84	1.47	13.02	2.81	2.81	2.68
安 徽	3.64	53.81	1.84	2.89	1.25	11.08	2.55	2.70	2.52
福 建	4.49	69.19	2.08	2.87	1.34	13.22	2.69	2.78	2.66
江 西	4.25	66.53	2.32	3.16	1.93	13.43	2.93	3.05	3.03
山 东	3.30	56.87	1.68	2.80	1.14	11.28	2.69	2.69	2.34
河 南	3.64	52.52	1.71	2.90	1.25	12.62	2.71	2.90	2.52
湖 北	4.17	53.09	2.04	2.92	1.56	11.07	2.85	2.78	2.57
湖 南		62.97	2.17	3.17	1.75	10.69	3.01	3.08	3.00
广 东	5.44	62.73	2.12	2.85	1.52	12.44	2.99	2.96	2.98
广 西	4.84	70.18	2.40	3.32	1.86	13.27	3.16	3.15	2.88
海 南		97.10	2.17	3.13	1.80		3.02	2.98	2.96
重 庆	4.81	49.40	2.06	2.91	1.59	11.51	3.03	3.06	2.92
四 川	4.02	58.59	2.14	3.32	1.70	11.78	3.38	3.24	3.15
贵 州	4.13	70.96	2.29	3.42	2.19	12.83	3.62	3.61	3.45
云 南	3.52	70.05	2.29	3.48	2.05	12.88	3.46	3.63	3.46
西 藏									
陕 西	2.80	50.33	1.61	2.91	1.31	11.16	2.88	2.93	2.52
甘 肃	4.82	42.24	1.97	3.41	1.60	11.52	3.37	3.35	3.28
青 海	4.11	45.41	2.27	3.36	1.80		3.39	3.47	3.15
宁 夏	4.03	38.69	1.74	3.34	1.63	12.48	3.12	3.03	2.84
新 疆	3.67	46.62	1.92	3.90	1.78	15.01	3.27	3.22	3.01

5-6 各地区2016年6月畜产品及饲料集市价格

单位：元/千克、元/只

地 区	仔猪	活猪	猪肉	鸡蛋	商品代蛋雏鸡	商品代肉雏鸡	活鸡	白条鸡	牛肉
全国均价	**52.39**	**20.41**	**31.29**	**9.05**	**3.57**	**3.15**	**18.78**	**19.09**	**62.35**
北 京	51.15	20.57	29.88	7.74	3.60	5.27		14.68	51.88
天 津	61.40	20.69	33.54	7.39	3.15	2.39	8.79	14.31	54.70
河 北	57.58	20.40	31.26	7.04	3.32	3.28	10.09	14.48	50.98
山 西	62.17	20.23	30.62	7.20	3.45	2.95	12.19	16.12	52.63
内蒙古	50.50	19.69	29.74	8.28	4.70	4.90	16.50	16.98	55.09
辽 宁	85.26	20.65	32.03	7.21	3.19	2.86	26.25	15.69	57.73
吉 林	70.66	20.91	31.41	7.50	4.09	2.83	17.29	14.56	58.98
黑龙江	47.32	20.66	30.54	7.42	3.01	2.98	11.32	13.98	57.01
上 海	47.14	20.94	32.01	9.26	3.14	1.64	20.86	23.76	75.27
江 苏	45.96	19.66	30.88	7.45	3.18	2.85	17.63	16.67	60.51
浙 江	35.95	20.61	32.51	9.72	3.09	2.45	16.34	19.18	77.92
安 徽	51.64	20.21	31.35	8.23	3.09	1.91	15.53	16.18	61.98
福 建	58.58	20.61	30.44	8.96	3.64	2.18	21.47	20.55	76.77
江 西	56.04	20.54	30.79	11.12	3.58	3.04	23.87	22.23	76.66
山 东	43.84	20.12	32.28	6.93	3.37	2.97	9.57	14.69	58.16
河 南	57.25	19.90	31.22	7.01	3.41	2.78	11.85	13.89	55.76
湖 北	56.69	20.02	30.65	8.51	3.64	3.40	18.35	15.35	63.36
湖 南	55.42	20.51	32.32	10.42	3.54	3.29	26.79	23.86	74.08
广 东	60.61	21.36	30.22	11.44	2.91	2.56	24.75	29.91	75.56
广 西	44.30	20.52	30.86	12.79	3.63	1.95	26.59	31.14	72.28
海 南	46.34	20.96	33.68	13.36	3.86	3.36	29.14	32.84	92.64
重 庆	37.60	20.39	30.01	9.33	3.07	2.68	22.02	18.36	61.29
四 川	37.52	20.65	31.49	11.58	4.39	4.23	25.51	22.83	61.40
贵 州	37.00	20.84	32.91	12.34	4.39	4.75	23.99	23.11	68.33
云 南	42.31	19.92	31.56	10.38	3.88	4.03	17.83	20.99	63.47
西 藏									
陕 西	79.13	20.13	31.20	7.83	3.84	3.03	16.00	17.28	55.94
甘 肃	54.31	21.79	32.09	8.72	4.31	3.87	21.25	22.09	57.66
青 海	55.68	22.49	31.47	9.35	3.28	2.88	24.42	23.22	55.47
宁 夏	48.18	19.90	30.00	8.08	3.45	3.15	17.79	17.03	55.79
新 疆	34.53	18.66	30.71	8.88	3.49	3.56	18.60	19.74	53.86

5-6 续表

单位：元/千克、元/只

地区	生鲜乳	羊肉	玉米	豆粕	小麦麸	进口鱼粉	育肥猪配合饲料	肉鸡配合饲料	蛋鸡配合饲料
全国均价	**3.71**	**55.89**	**2.03**	**3.35**	**1.62**	**12.53**	**3.06**	**3.11**	**2.84**
北京	3.41	52.96	1.85	3.24	1.28	14.34	2.77	2.92	2.54
天津	3.69	57.04	1.85	3.10	1.12	9.04	2.43	3.25	2.37
河北	3.20	50.26	1.79	3.12	1.22	11.56	2.56	3.02	2.35
山西	3.60	47.16	1.77	3.15	1.32	13.92	2.98	3.21	2.54
内蒙古	3.26	46.97	1.87	3.59	1.72	9.86	3.84	3.24	3.10
辽宁	4.26	52.59	1.91	3.20	1.63	12.21	2.98	2.95	2.59
吉林	4.23	52.37	1.92	3.38	1.84	12.90	2.89	2.77	2.58
黑龙江	3.16	50.87	1.95	3.49	1.90	11.69	3.21	3.10	2.76
上海	4.35	64.00	2.12	3.33	1.44	13.30	3.29	3.29	3.04
江苏	3.73	52.43	1.88	3.37	1.36	13.68	2.58	2.90	2.48
浙江	4.26	67.27	2.13	3.20	1.54	13.72	2.87	2.85	2.71
安徽	3.64	53.13	1.93	3.20	1.41	11.29	2.66	2.80	2.61
福建	4.48	68.25	2.14	3.32	1.55	13.46	2.77	2.83	2.72
江西	4.22	65.93	2.38	3.32	1.98	13.51	2.97	3.09	3.07
山东	3.23	56.78	1.79	3.17	1.27	11.54	2.80	2.80	2.46
河南	3.60	52.47	1.83	3.26	1.36	12.88	2.81	3.00	2.58
湖北	4.08	51.65	2.11	3.24	1.61	11.23	2.90	2.84	2.63
湖南		61.37	2.18	3.38	1.81	10.92	3.06	3.13	3.03
广东	5.44	62.84	2.21	3.24	1.67	12.73	3.09	3.05	3.07
广西	4.76	69.33	2.46	3.48	1.92	13.33	3.23	3.19	2.93
海南		96.64	2.19	3.48	1.86		3.03	3.14	3.03
重庆	4.75	47.56	2.10	3.28	1.63	12.05	3.06	3.06	2.94
四川	4.03	58.13	2.19	3.49	1.78	12.25	3.47	3.31	3.21
贵州	4.08	69.08	2.26	3.53	2.18	13.10	3.67	3.65	3.46
云南	3.52	69.43	2.29	3.63	2.07	13.00	3.51	3.66	3.50
西藏									
陕西	2.85	50.24	1.69	3.24	1.39	11.50	2.97	3.03	2.61
甘肃	4.82	42.87	2.04	3.54	1.61	11.70	3.44	3.40	3.33
青海	4.16	45.66	2.27	3.41	1.79		3.46	3.46	3.16
宁夏	4.00	38.60	1.83	3.57	1.69	13.11	3.19	3.11	2.89
新疆	3.67	45.96	1.99	3.91	1.78	14.97	3.31	3.29	3.14

5-7 各地区2016年7月畜产品及饲料集市价格

单位：元/千克、元/只

地区	仔猪	活猪	猪肉	鸡蛋	商品代蛋雏鸡	商品代肉雏鸡	活鸡	白条鸡	牛肉
全国均价	**49.11**	**19.03**	**30.24**	**8.79**	**3.46**	**3.01**	**18.59**	**18.90**	**61.98**
北　京	49.25	18.86	27.94	7.53	3.49	5.27		14.22	51.90
天　津	59.50	18.50	31.53	7.06	2.98	2.03	8.59	14.17	54.18
河　北	52.87	18.53	29.49	6.74	3.18	2.94	9.61	14.15	50.87
山　西	57.56	18.83	29.63	6.87	3.30	2.91	12.10	16.36	51.98
内蒙古	49.08	19.17	29.53	7.81	4.71	4.80	16.43	16.70	54.48
辽　宁	75.14	18.42	30.56	6.71	2.94	2.32	25.55	15.58	57.63
吉　林	65.60	18.86	29.97	6.91	3.97	2.38	17.30	14.52	58.77
黑龙江	45.88	19.01	29.74	6.62	2.95	2.89	11.29	13.91	56.17
上　海	42.35	19.18	31.20	9.37	3.89	1.83	22.48	23.63	74.34
江　苏	39.84	17.81	30.36	7.26	2.94	2.52	17.57	16.58	61.31
浙　江	34.57	19.32	31.81	9.59	3.06	2.32	16.04	18.97	77.34
安　徽	48.21	18.39	30.04	7.97	2.88	1.84	15.63	16.33	61.66
福　建	53.86	19.19	29.28	8.85	3.60	2.22	21.45	20.33	76.65
江　西	52.85	19.17	29.89	10.96	3.46	2.98	23.36	21.86	76.17
山　东	39.29	18.34	30.63	6.76	3.12	2.54	9.56	14.55	57.82
河　南	52.44	18.18	29.89	6.74	3.23	2.50	11.64	13.67	55.37
湖　北	52.17	18.58	29.66	8.40	3.53	3.29	18.13	15.38	62.64
湖　南	51.97	18.82	30.93	10.22	3.51	3.28	26.71	23.65	73.22
广　东	56.58	19.84	29.68	11.28	2.83	2.53	24.30	29.74	75.74
广　西	41.22	19.05	29.89	12.59	3.40	1.95	26.02	30.54	71.83
海　南	43.63	19.79	31.95	13.13	3.90	3.39	28.73	32.33	92.05
重　庆	35.52	19.16	28.81	8.96	2.94	2.74	21.81	18.39	60.78
四　川	35.62	19.43	30.68	11.53	4.43	4.35	25.51	22.53	60.86
贵　州	36.96	20.23	32.32	12.08	4.43	4.79	23.84	22.93	68.37
云　南	43.13	19.42	31.26	10.23	3.78	4.02	17.59	20.92	63.72
西　藏									
陕　西	73.63	18.50	29.56	7.34	3.67	2.86	15.51	16.87	55.05
甘　肃	54.58	21.38	31.00	8.63	4.29	3.91	20.98	21.71	57.62
青　海	56.77	22.42	30.76	8.84	3.25	2.76	24.95	23.62	55.10
宁　夏	45.11	19.41	29.56	7.71	3.29	3.02	17.70	17.09	55.43
新　疆	33.69	18.52	30.56	8.90	3.58	3.65	18.43	19.71	53.42

5-7 续表

单位：元/千克、元/只

地 区	生鲜乳	羊肉	玉米	豆粕	小麦麸	进口鱼粉	育肥猪配合饲料	肉鸡配合饲料	蛋鸡配合饲料
全国均价	**3.69**	**55.28**	**2.11**	**3.54**	**1.69**	**12.61**	**3.12**	**3.16**	**2.89**
北 京	3.38	52.45	2.01	3.56	1.45	14.30	2.82	3.06	2.66
天 津	3.64	56.57	2.01	3.27	1.23	9.08	2.58	3.24	2.43
河 北	3.22	49.81	1.93	3.35	1.33	11.61	2.65	3.08	2.44
山 西	3.53	46.29	1.86	3.46	1.37	13.87	3.02	3.24	2.61
内蒙古	3.26	47.84	1.92	3.72	1.76	9.86	3.86	3.27	3.10
辽 宁	4.15	51.28	1.95	3.39	1.69	12.18	3.02	2.99	2.65
吉 林	4.08	52.18	1.91	3.65	1.85	12.89	2.91	2.82	2.59
黑龙江	3.16	50.45	1.92	3.59	1.88	11.66	3.21	3.07	2.77
上 海	4.30	59.58	2.16	3.48	1.48	13.15	3.28	3.27	2.98
江 苏	3.71	52.39	2.00	3.55	1.44	13.83	2.65	2.98	2.56
浙 江	4.23	67.75	2.20	3.38	1.61	14.43	2.92	2.89	2.75
安 徽	3.65	52.35	2.07	3.46	1.52	11.35	2.75	2.88	2.70
福 建	4.61	67.31	2.23	3.50	1.72	13.43	2.84	2.88	2.81
江 西	4.22	64.91	2.43	3.43	2.03	13.87	3.02	3.11	3.11
山 东	3.19	56.55	1.90	3.35	1.34	11.66	2.89	2.88	2.52
河 南	3.58	52.40	1.96	3.47	1.48	12.93	2.87	3.06	2.64
湖 北	4.02	51.35	2.18	3.48	1.68	11.20	2.96	2.91	2.70
湖 南		59.60	2.25	3.58	1.88	11.04	3.11	3.18	3.06
广 东	5.44	63.31	2.31	3.46	1.81	12.83	3.17	3.12	3.14
广 西	4.75	68.16	2.54	3.59	2.03	13.43	3.32	3.27	3.04
海 南		96.10	2.29	3.70	1.94		3.03	3.21	3.10
重 庆	4.70	45.81	2.14	3.51	1.68	12.06	3.12	3.12	2.98
四 川	4.01	57.50	2.25	3.71	1.82	12.37	3.51	3.37	3.27
贵 州	4.20	68.27	2.28	3.75	2.21	13.18	3.72	3.73	3.52
云 南	3.55	68.82	2.32	3.85	2.17	13.11	3.57	3.73	3.55
西 藏									
陕 西	2.80	49.48	1.82	3.48	1.48	11.25	3.03	3.09	2.66
甘 肃	4.73	42.80	2.13	3.64	1.65	11.83	3.51	3.47	3.39
青 海	4.17	45.15	2.31	3.49	1.81		3.50	3.46	3.16
宁 夏	3.97	38.63	1.92	3.67	1.75	13.34	3.27	3.21	2.98
新 疆	3.70	44.08	2.01	3.93	1.79	14.84	3.33	3.28	3.14

5-8 各地区2016年8月畜产品及饲料集市价格

单位：元/千克、元/只

地区	仔猪	活猪	猪肉	鸡蛋	商品代蛋雏鸡	商品代肉雏鸡	活鸡	白条鸡	牛肉
全国均价	**47.06**	**18.62**	**29.70**	**9.05**	**3.41**	**3.16**	**18.60**	**18.94**	**61.83**
北京	40.10	18.14	26.80	7.86	3.46	5.27		14.85	53.96
天津	64.80	17.96	31.20	7.48	2.87	2.22	8.64	14.28	54.70
河北	48.82	18.04	28.51	7.27	3.09	3.19	9.59	14.06	50.98
山西	54.61	18.27	29.12	7.25	3.29	3.22	12.17	16.41	51.89
内蒙古	47.76	18.56	29.07	7.89	4.94	5.07	16.39	16.67	54.10
辽宁	69.46	17.78	29.53	7.27	2.86	2.90	25.57	15.44	57.36
吉林	57.66	17.73	28.46	7.25	4.06	2.75	17.43	14.45	58.86
黑龙江	44.69	17.80	28.50	7.21	2.86	2.69	11.40	13.92	55.86
上海	40.18	19.34	31.69	9.75	3.97	1.88	22.30	23.80	74.47
江苏	39.44	17.84	30.14	7.89	2.93	2.96	17.90	16.72	61.93
浙江	33.63	19.15	31.66	9.88	3.04	2.60	16.09	18.96	76.38
安徽	45.74	18.11	29.37	8.25	2.80	1.84	15.75	16.34	62.12
福建	53.39	19.22	29.16	9.09	3.66	2.18	21.48	20.40	76.59
江西	50.49	18.72	29.54	11.09	3.44	2.98	23.33	22.13	76.38
山东	37.78	18.05	30.21	7.54	3.04	3.20	9.59	14.50	57.49
河南	50.19	18.20	29.39	7.40	3.15	2.78	11.82	13.79	55.33
湖北	50.57	18.30	29.39	8.62	3.42	3.38	18.25	15.46	62.06
湖南	49.70	18.64	30.81	10.32	3.54	3.28	27.26	23.88	73.25
广东	54.52	19.36	29.18	11.23	2.85	2.48	24.19	29.61	75.35
广西	39.85	18.63	29.24	12.63	3.45	1.91	25.85	30.68	71.64
海南	43.52	19.22	31.00	12.37	3.70	3.19	28.15	32.08	90.28
重庆	34.28	18.79	28.58	9.15	2.80	2.68	21.41	18.06	60.00
四川	34.87	19.09	30.16	11.58	4.38	4.20	25.71	22.85	60.74
贵州	36.41	19.81	31.95	11.92	4.47	4.75	23.61	22.91	68.07
云南	41.98	18.78	30.53	10.32	3.63	4.01	17.34	20.92	64.01
西藏									
陕西	67.76	18.28	29.17	7.66	3.49	3.11	15.27	16.92	54.72
甘肃	53.54	20.93	30.71	8.43	4.27	3.84	20.21	21.29	57.14
青海	57.68	21.01	29.81	8.96	3.22	3.01	24.88	23.72	54.37
宁夏	43.47	18.78	28.93	7.57	3.16	3.03	18.03	17.53	55.23
新疆	32.96	18.05	30.05	8.92	3.59	3.68	18.57	19.77	53.38

5-8 续表

单位：元/千克、元/只

地区	生鲜乳	羊肉	玉米	豆粕	小麦麸	进口鱼粉	育肥猪配合饲料	肉鸡配合饲料	蛋鸡配合饲料
全国均价	**3.68**	**54.80**	**2.08**	**3.45**	**1.69**	**12.59**	**3.10**	**3.14**	**2.87**
北京	3.36	52.76	1.87	3.47	1.42	14.30	2.84	3.06	2.68
天津	3.60	56.86	1.96	3.17	1.24	8.94	2.60	3.18	2.39
河北	3.26	49.46	1.89	3.25	1.36	11.90	2.65	3.09	2.45
山西	3.51	46.35	1.85	3.29	1.37	13.83	2.99	3.22	2.59
内蒙古	3.24	48.00	1.90	3.67	1.75	9.82	3.83	3.26	3.08
辽宁	4.11	51.10	1.90	3.30	1.70	12.08	3.01	2.99	2.65
吉林	4.05	51.54	1.92	3.56	1.82	12.91	2.92	2.81	2.59
黑龙江	3.18	49.42	1.89	3.60	1.84	11.64	3.19	3.08	2.78
上海	4.27	61.20	2.10	3.24	1.45	13.13	3.19	3.18	2.87
江苏	3.71	53.23	2.00	3.37	1.42	13.39	2.60	2.93	2.51
浙江	4.22	66.64	2.17	3.27	1.59	14.78	2.88	2.87	2.73
安徽	3.66	52.46	2.07	3.35	1.53	11.42	2.74	2.88	2.70
福建	4.66	66.97	2.16	3.31	1.70	13.49	2.81	2.85	2.80
江西	4.23	64.92	2.41	3.42	2.05	13.86	3.01	3.11	3.09
山东	3.17	56.21	1.85	3.18	1.35	11.81	2.87	2.85	2.50
河南	3.56	51.81	1.95	3.34	1.46	12.92	2.86	3.04	2.63
湖北	3.95	50.97	2.15	3.38	1.68	11.19	2.93	2.88	2.67
湖南		58.87	2.22	3.54	1.89	10.97	3.11	3.17	3.03
广东	5.44	62.88	2.24	3.33	1.77	13.07	3.14	3.11	3.14
广西	4.90	67.58	2.49	3.52	2.02	13.36	3.32	3.26	3.04
海南		95.96	2.34	3.67	2.01		3.03	3.19	3.07
重庆	4.62	43.77	2.11	3.40	1.64	11.86	3.10	3.10	2.95
四川	3.99	56.95	2.20	3.63	1.82	12.01	3.47	3.36	3.26
贵州	4.22	67.04	2.20	3.72	2.15	12.91	3.65	3.64	3.46
云南	3.57	68.60	2.30	3.78	2.18	13.07	3.56	3.74	3.54
西藏									
陕西	2.81	49.16	1.82	3.39	1.49	11.42	3.06	3.09	2.67
甘肃	4.64	42.48	2.08	3.60	1.66	11.89	3.44	3.44	3.35
青海	4.15	42.89	2.35	3.59	1.82		3.50	3.48	3.17
宁夏	4.00	37.91	1.89	3.56	1.69	13.17	3.17	3.18	2.98
新疆	3.73	43.02	2.04	4.00	1.79	14.85	3.34	3.31	3.15

5-9 各地区2016年9月畜产品及饲料集市价格

单位：元/千克、元/只

地区	仔猪	活猪	猪肉	鸡蛋	商品代蛋雏鸡	商品代肉雏鸡	活鸡	白条鸡	牛肉
全国均价	**45.70**	**18.36**	**29.60**	**9.76**	**3.40**	**3.24**	**18.75**	**19.15**	**62.12**
北京	39.53	17.78	27.86	8.76	3.45	5.28		15.16	54.05
天津	61.50	17.50	30.95	8.25	2.89	2.82	8.33	14.96	55.60
河北	45.62	17.70	28.18	8.30	3.01	3.32	9.61	14.24	51.34
山西	50.45	17.95	29.21	8.33	3.36	3.40	12.23	16.14	52.34
内蒙古	45.32	18.01	28.50	8.82	5.18	5.33	16.58	16.93	53.98
辽宁	64.11	17.22	28.70	8.46	3.04	3.50	26.03	15.68	57.45
吉林	54.50	17.45	27.93	8.52	4.23	3.18	17.58	14.57	58.29
黑龙江	43.56	17.12	27.54	8.56	2.87	2.80	11.56	14.02	55.79
上海	39.41	18.97	31.86	10.19	3.98	2.05	22.06	24.13	74.00
江苏	37.74	17.36	30.29	8.71	2.98	3.12	17.95	16.90	62.19
浙江	34.14	19.14	31.68	10.23	3.09	2.70	16.95	19.18	75.34
安徽	44.10	18.01	29.26	9.01	2.81	1.77	16.19	16.56	63.57
福建	52.58	18.80	29.15	9.83	3.57	2.16	21.51	20.46	76.97
江西	50.09	18.57	29.60	11.64	3.42	2.67	23.79	22.44	76.95
山东	36.46	17.46	30.03	8.16	3.01	3.38	9.34	14.83	57.92
河南	48.38	17.78	29.39	8.23	3.09	2.91	11.92	13.97	55.37
湖北	48.44	18.28	29.57	9.34	3.43	3.59	18.52	15.52	62.74
湖南	49.45	18.60	31.13	10.67	3.55	3.33	27.63	24.01	74.05
广东	54.19	19.14	28.85	11.69	2.87	2.55	24.39	29.84	75.82
广西	39.63	18.34	29.21	12.96	3.38	1.87	25.64	30.74	71.65
海南	44.12	19.79	31.88	12.79	3.75	3.29	28.98	32.83	90.73
重庆	33.58	18.77	28.17	10.22	2.80	2.64	21.48	17.98	62.29
四川	34.79	19.06	30.08	11.97	4.42	4.19	25.95	23.28	61.45
贵州	36.11	19.59	32.01	12.28	4.26	4.59	24.19	23.49	67.77
云南	42.14	18.90	30.51	10.53	3.53	3.89	17.60	21.32	64.12
西藏									
陕西	63.51	18.34	29.35	9.12	3.42	3.28	15.58	17.27	55.09
甘肃	53.34	20.22	30.65	8.83	4.39	3.85	19.76	20.93	57.08
青海	60.66	20.70	29.99	9.69	3.20	3.10	24.58	23.81	53.91
宁夏	43.56	18.90	29.11	8.74	3.17	2.97	17.97	17.74	54.91
新疆	32.45	17.72	29.56	9.17	3.50	3.62	18.78	20.02	53.45

5－9 续表

单位：元/千克、元/只

地区	生鲜乳	羊肉	玉米	豆粕	小麦麸	进口鱼粉	育肥猪配合饲料	肉鸡配合饲料	蛋鸡配合饲料
全国均价	**3.70**	**54.70**	**2.04**	**3.44**	**1.66**	**12.51**	**3.08**	**3.13**	**2.86**
北京	3.41	52.14	1.82	3.39	1.40	14.30	2.80	3.03	2.68
天津	3.49	57.70	1.91	3.21	1.19	8.85	2.58	3.18	2.42
河北	3.29	49.07	1.88	3.25	1.34	11.87	2.64	3.07	2.44
山西	3.50	46.70	1.84	3.27	1.37	13.60	2.98	3.18	2.59
内蒙古	3.21	46.80	1.90	3.64	1.73	9.72	3.77	3.23	3.08
辽宁	4.15	51.09	1.88	3.26	1.67	11.81	2.96	2.99	2.63
吉林	4.09	51.42	1.89	3.62	1.81	12.89	2.95	2.83	2.60
黑龙江	3.19	49.29	1.85	3.59	1.83	11.82	3.17	3.08	2.78
上海	4.27	63.33	2.07	3.25	1.40	13.13	3.19	3.18	2.88
江苏	3.64	53.15	2.00	3.33	1.37	13.22	2.58	2.91	2.49
浙江	4.18	65.20	2.16	3.30	1.57	14.85	2.85	2.87	2.73
安徽	3.68	53.88	2.03	3.33	1.52	11.35	2.74	2.87	2.69
福建	4.69	68.42	2.18	3.38	1.64	13.42	2.80	2.86	2.84
江西	4.22	65.39	2.40	3.40	2.07	13.97	3.02	3.11	3.10
山东	3.25	56.63	1.81	3.25	1.33	11.79	2.87	2.85	2.49
河南	3.57	51.49	1.86	3.35	1.41	12.82	2.83	3.01	2.59
湖北	3.92	51.70	2.10	3.37	1.64	11.19	2.88	2.84	2.60
湖南		59.24	2.20	3.54	1.89	10.86	3.08	3.15	3.01
广东	5.42	62.26	2.22	3.35	1.71	12.89	3.14	3.12	3.12
广西	5.06	67.59	2.47	3.49	1.98	13.20	3.30	3.26	3.04
海南		95.68	2.28	3.59	1.97		2.97	3.17	3.05
重庆	4.15	43.40	2.07	3.41	1.61	11.51	3.09	3.10	2.95
四川	4.02	57.95	2.18	3.60	1.79	11.96	3.43	3.35	3.25
贵州	4.22	66.68	2.15	3.70	2.11	12.68	3.61	3.58	3.42
云南	3.58	67.55	2.25	3.75	2.14	12.87	3.53	3.66	3.46
西藏									
陕西	3.06	49.43	1.79	3.40	1.48	11.54	3.08	3.12	2.69
甘肃	4.55	41.19	2.03	3.58	1.66	11.81	3.40	3.40	3.31
青海	4.14	40.01	2.25	3.58	1.76		3.54	3.49	3.18
宁夏	4.22	37.37	1.83	3.52	1.65	12.85	3.17	3.16	2.97
新疆	3.74	42.25	2.02	4.02	1.79	14.82	3.37	3.34	3.17

5-10 各地区2016年10月畜产品及饲料集市价格

单位：元/千克、元/只

地区	仔猪	活猪	猪肉	鸡蛋	商品代蛋雏鸡	商品代肉雏鸡	活鸡	白条鸡	牛肉
全国均价	**41.74**	**17.06**	**28.42**	**9.34**	**3.35**	**3.14**	**18.57**	**19.00**	**62.15**
北京	32.85	15.74	26.31	7.94	3.43	5.28		14.46	54.35
天津	54.25	15.54	29.30	7.37	2.78	2.64	7.79	14.63	52.95
河北	40.58	16.19	26.59	7.20	2.86	3.19	9.36	14.12	51.15
山西	45.71	16.75	27.57	7.42	3.27	3.41	11.96	16.05	52.54
内蒙古	44.10	17.13	27.36	8.57	5.17	5.31	16.52	16.94	53.62
辽宁	52.59	15.74	26.95	7.67	3.02	3.31	25.81	15.62	57.25
吉林	46.52	15.96	26.64	8.05	4.17	3.09	17.51	14.24	57.79
黑龙江	40.20	15.55	25.51	7.70	2.80	2.73	11.23	13.85	55.65
上海	36.10	16.65	30.45	9.65	3.90	2.25	21.30	23.14	74.17
江苏	31.59	15.91	28.58	7.85	2.96	2.93	17.59	16.41	61.87
浙江	32.10	17.25	30.45	9.98	3.21	2.58	16.74	19.16	75.52
安徽	39.56	16.63	28.24	8.60	2.72	1.64	15.87	16.29	63.31
福建	46.44	16.74	27.96	9.34	3.49	2.10	21.21	18.90	77.08
江西	46.24	17.29	28.70	11.59	3.40	2.71	23.60	22.26	76.79
山东	32.16	15.69	28.03	7.19	2.95	2.99	9.00	14.57	57.71
河南	43.31	16.07	27.68	7.44	3.08	2.84	11.81	13.83	55.24
湖北	43.55	16.85	28.57	8.98	3.22	3.48	18.44	16.22	63.30
湖南	46.08	17.50	30.32	10.59	3.57	3.38	27.38	23.96	74.96
广东	48.79	17.26	27.68	11.32	2.76	2.43	24.11	29.78	76.08
广西	34.98	16.57	27.74	12.86	3.43	1.79	25.02	30.20	71.44
海南	39.74	18.27	30.25	12.62	3.75	3.21	28.13	31.60	91.98
重庆	32.09	17.75	27.30	10.01	2.94	2.63	21.66	18.13	63.61
四川	33.10	18.32	29.47	11.99	4.39	4.17	26.11	23.71	61.78
贵州	34.94	19.05	31.46	12.26	4.21	4.56	24.77	23.67	67.69
云南	42.93	18.65	30.64	10.43	3.52	3.89	17.49	21.34	64.30
西藏									
陕西	55.57	16.94	28.21	8.43	3.35	3.17	15.37	17.20	55.17
甘肃	51.45	19.49	30.02	9.01	4.41	3.86	19.33	20.89	56.78
青海	61.00	20.37	29.08	9.55	3.19	3.09	24.38	23.48	53.16
宁夏	41.89	18.64	29.21	8.80	3.18	2.96	17.69	17.53	54.48
新疆	31.78	17.14	29.10	9.17	3.51	3.64	18.55	19.57	53.98

5-10 续表

单位：元/千克、元/只

地　区	生鲜乳	羊肉	玉米	豆粕	小麦麸	进口鱼粉	育肥猪配合饲料	肉鸡配合饲料	蛋鸡配合饲料
全国均价	**3.65**	**54.31**	**1.95**	**3.47**	**1.66**	**12.42**	**3.05**	**3.11**	**2.84**
北　京	3.42	51.95	1.75	3.42	1.39	14.30	2.75	3.00	2.65
天　津	3.49	53.40	1.68	3.31	1.21	8.95	2.52	3.21	2.41
河　北	3.32	48.61	1.71	3.28	1.31	11.84	2.58	3.04	2.39
山　西	3.55	46.42	1.76	3.33	1.38	13.64	2.93	3.20	2.56
内蒙古	3.23	46.11	1.85	3.66	1.73	9.63	3.70	3.22	3.06
辽　宁	4.07	50.44	1.73	3.33	1.66	11.57	2.91	2.96	2.60
吉　林	3.92	50.66	1.75	3.65	1.77	12.81	2.93	2.81	2.58
黑龙江	3.21	48.82	1.79	3.57	1.82	11.86	3.14	3.06	2.76
上　海	4.32	63.67	1.99	3.21	1.43	12.85	3.14	3.13	2.84
江　苏	3.58	53.47	1.82	3.37	1.42	12.90	2.52	2.85	2.43
浙　江	4.12	64.58	2.10	3.30	1.52	14.55	2.83	2.87	2.73
安　徽	3.68	54.37	1.90	3.33	1.51	10.97	2.68	2.81	2.64
福　建	4.70	67.51	2.11	3.40	1.68	13.36	2.76	2.86	2.84
江　西	4.22	65.30	2.35	3.38	2.06	14.01	3.01	3.11	3.09
山　东	3.27	55.72	1.65	3.29	1.36	11.60	2.79	2.81	2.44
河　南	3.59	51.22	1.70	3.41	1.42	12.66	2.80	2.97	2.56
湖　北	3.94	51.67	2.03	3.41	1.68	11.37	2.86	2.82	2.58
湖　南		59.43	2.16	3.55	1.87	10.77	3.05	3.14	2.99
广　东	4.58	60.13	2.14	3.42	1.76	12.77	3.11	3.09	3.08
广　西	5.13	67.06	2.42	3.42	2.00	13.15	3.28	3.25	3.02
海　南		95.95	2.22	3.58	1.93		2.96	3.14	3.01
重　庆	4.64	44.10	2.02	3.44	1.64	11.25	3.09	3.09	2.96
四　川	3.87	58.38	2.15	3.60	1.79	11.71	3.42	3.34	3.24
贵　州	4.24	66.47	2.12	3.72	2.09	12.90	3.55	3.53	3.41
云　南	3.57	66.78	2.14	3.75	2.11	12.80	3.47	3.62	3.40
西　藏									
陕　西	3.09	49.25	1.70	3.44	1.48	11.55	3.06	3.10	2.67
甘　肃	4.15	41.20	1.99	3.62	1.63	11.91	3.38	3.35	3.24
青　海	3.74	38.71	2.13	3.55	1.73		3.48	3.41	3.10
宁　夏	3.73	36.50	1.68	3.54	1.62	12.64	3.07	3.11	2.95
新　疆	3.87	41.56	1.94	4.05	1.77	14.82	3.36	3.34	3.18

5-11 各地区2016年11月畜产品及饲料集市价格

单位：元/千克、元/只

地 区	仔猪	活猪	猪肉	鸡蛋	商品代蛋雏鸡	商品代肉雏鸡	活鸡	白条鸡	牛肉
全国均价	**39.06**	**16.98**	**27.93**	**9.27**	**3.34**	**2.95**	**18.61**	**18.96**	**62.49**
北 京	28.49	16.64	25.80	7.98	3.49	5.28		14.07	54.48
天 津	48.80	16.64	29.18	7.46	2.65	2.28	7.22	14.48	55.68
河 北	38.13	16.55	26.45	7.24	2.89	2.99	9.67	14.16	51.04
山 西	43.28	16.50	26.89	7.37	3.25	3.28	12.09	15.97	52.57
内蒙古	42.94	17.08	26.91	8.48	4.97	5.06	16.59	17.05	54.12
辽 宁	50.65	16.78	27.09	7.57	2.94	2.88	25.84	15.71	57.66
吉 林	41.84	16.61	26.41	7.88	4.07	2.78	17.42	14.19	57.48
黑龙江	38.96	16.38	25.44	7.44	2.77	2.75	11.20	13.86	55.75
上 海	36.03	17.24	29.46	9.49	3.88	1.62	21.53	23.53	74.47
江 苏	29.40	16.22	27.90	8.00	2.96	2.62	17.27	16.24	61.38
浙 江	30.79	16.94	29.57	9.77	3.22	2.36	16.36	19.11	76.39
安 徽	37.78	16.63	28.20	8.53	2.85	1.61	15.82	16.15	63.46
福 建	41.43	16.58	27.45	9.29	3.38	2.04	21.29	19.86	77.07
江 西	42.54	16.92	28.22	11.44	3.35	2.65	23.63	22.33	77.00
山 东	29.92	16.49	28.11	7.35	3.00	2.48	8.96	14.56	58.19
河 南	39.74	16.34	27.38	7.38	3.11	2.63	12.06	13.95	55.21
湖 北	40.34	16.59	28.20	9.11	3.35	3.22	18.71	16.30	64.07
湖 南	42.69	16.92	29.45	10.43	3.52	3.29	27.48	23.98	75.51
广 东	42.78	16.65	27.13	11.07	2.57	2.06	23.59	29.19	77.40
广 西	32.38	15.99	26.76	12.79	3.27	1.66	24.68	29.59	71.23
海 南	32.98	16.87	29.60	12.77	3.72	3.17	28.34	31.36	92.96
重 庆	29.91	17.30	26.31	9.75	3.04	2.73	21.90	18.86	64.09
四 川	31.22	17.83	28.83	12.04	4.40	4.18	26.21	23.66	62.24
贵 州	33.83	18.50	30.84	12.11	4.05	4.47	25.03	24.14	68.23
云 南	41.04	17.80	30.12	10.45	3.55	3.81	17.48	21.20	64.65
西 藏									
陕 西	50.37	16.93	27.32	8.20	3.31	2.88	15.31	17.11	55.32
甘 肃	49.31	19.06	29.00	9.04	4.38	3.91	19.37	20.69	57.11
青 海	59.78	19.77	28.51	9.59	3.16	3.01	24.12	23.62	53.69
宁 夏	39.74	17.86	29.01	8.71	3.19	2.96	17.63	17.24	55.45
新 疆	31.11	16.63	28.28	8.89	3.50	3.58	18.69	19.19	54.32

5-11　续表

单位：元/千克、元/只

地　区	生鲜乳	羊肉	玉米	豆粕	小麦麸	进口鱼粉	育肥猪配合饲料	肉鸡配合饲料	蛋鸡配合饲料
全国均价	**3.66**	**54.57**	**1.94**	**3.53**	**1.71**	**12.40**	**3.05**	**3.11**	**2.84**
北　京	3.54	52.88	1.80	3.42	1.49	14.30	2.78	3.04	2.70
天　津	3.65	55.40	1.75	3.43	1.39	8.96	2.61	3.38	2.47
河　北	3.35	49.06	1.69	3.35	1.33	11.82	2.59	3.04	2.39
山　西	3.55	47.97	1.72	3.42	1.42	13.61	2.91	3.22	2.54
内蒙古	3.25	46.06	1.74	3.67	1.76	9.64	3.68	3.22	3.07
辽　宁	3.92	50.54	1.72	3.41	1.71	11.62	2.87	2.95	2.60
吉　林	3.72	50.62	1.64	3.64	1.75	12.71	2.88	2.76	2.55
黑龙江	3.28	48.75	1.63	3.58	1.79	11.91	3.09	3.02	2.71
上　海	4.32	66.53	2.04	3.32	1.56	12.73	3.16	3.14	2.87
江　苏	3.57	53.74	1.87	3.45	1.54	12.68	2.55	2.89	2.46
浙　江	4.13	64.33	2.11	3.36	1.57	14.52	2.85	2.90	2.75
安　徽	3.68	55.25	1.91	3.41	1.57	10.77	2.69	2.82	2.65
福　建	4.73	65.71	2.09	3.47	1.78	13.31	2.79	2.90	2.87
江　西	4.34	64.75	2.35	3.39	2.08	13.96	3.03	3.11	3.09
山　东	3.33	56.62	1.74	3.45	1.45	12.16	2.85	2.86	2.51
河　南	3.60	51.83	1.77	3.52	1.51	12.60	2.85	3.02	2.60
湖　北	3.92	52.96	2.05	3.44	1.75	11.35	2.87	2.84	2.62
湖　南		60.48	2.17	3.56	1.88	10.72	3.04	3.14	2.99
广　东	4.58	61.29	2.14	3.44	1.89	12.74	3.11	3.08	3.07
广　西	5.20	65.45	2.39	3.42	2.00	13.15	3.25	3.21	2.99
海　南		96.32	2.25	3.60	1.96		2.97	3.14	3.03
重　庆	4.72	45.28	2.05	3.56	1.71	11.27	3.10	3.10	2.97
四　川	3.84	58.53	2.15	3.70	1.83	11.68	3.41	3.34	3.25
贵　州	4.28	66.15	2.13	3.68	2.09	12.99	3.55	3.48	3.38
云　南	3.58	65.78	2.07	3.84	2.16	12.52	3.46	3.57	3.38
西　藏									
陕　西	3.20	49.54	1.70	3.54	1.53	11.74	3.03	3.07	2.63
甘　肃	3.97	41.58	1.95	3.71	1.63	11.73	3.38	3.33	3.22
青　海	3.73	38.79	2.10	3.59	1.73		3.42	3.29	2.98
宁　夏	3.71	37.33	1.66	3.61	1.62	12.46	3.10	3.12	2.92
新　疆	3.88	41.29	1.87	4.02	1.74	14.89	3.32	3.33	3.16

5-12 各地区2016年12月畜产品及饲料集市价格

单位：元/千克、元/只

地区	仔猪	活猪	猪肉	鸡蛋	商品代蛋雏鸡	商品代肉雏鸡	活鸡	白条鸡	牛肉
全国均价	**38.88**	**17.46**	**28.21**	**9.13**	**3.37**	**2.76**	**18.71**	**19.00**	**62.86**
北京	30.09	17.49	26.69	7.69	3.57	5.28		14.00	54.60
天津	39.83	17.35	29.78	7.13	2.70	1.84	7.22	14.41	56.25
河北	39.20	17.30	26.82	6.92	2.97	2.73	9.81	14.23	51.40
山西	43.64	17.00	27.46	7.17	3.19	2.99	12.09	16.02	53.25
内蒙古	42.83	17.57	27.37	8.35	5.00	5.07	16.53	16.92	54.72
辽宁	53.54	17.55	27.72	7.21	2.92	2.18	26.00	15.68	57.64
吉林	41.16	17.46	26.47	7.42	3.92	2.13	17.48	14.18	57.37
黑龙江	39.63	17.45	26.34	6.98	2.73	2.66	11.17	13.82	55.85
上海	36.14	17.70	29.91	9.66	3.71	1.49	22.18	23.80	75.25
江苏	29.93	16.63	28.16	7.65	2.95	2.02	17.01	16.15	61.71
浙江	30.73	17.48	29.87	9.69	3.23	2.25	16.26	18.96	76.88
安徽	37.94	17.24	28.53	8.40	2.84	1.57	15.85	16.30	64.13
福建	40.11	17.11	27.40	9.17	3.29	1.98	21.28	19.60	77.05
江西	42.02	17.26	28.41	11.42	3.30	2.61	23.92	22.56	77.11
山东	30.24	16.98	28.58	7.03	3.01	1.72	8.99	14.69	58.55
河南	40.30	17.04	27.90	7.21	3.12	2.26	12.00	13.97	55.56
湖北	40.22	17.12	28.57	9.06	3.51	3.00	18.95	16.40	65.26
湖南	41.72	17.30	29.47	10.42	3.47	3.29	27.59	24.10	76.21
广东	41.45	16.75	27.14	10.94	2.58	1.95	23.17	29.20	77.38
广西	32.76	16.31	26.74	12.73	3.28	1.57	24.54	29.23	71.33
海南	31.11	16.50	29.90	12.75	3.25	3.07	28.97	31.20	94.20
重庆	29.70	18.17	26.77	9.91	3.21	2.75	22.17	19.69	64.77
四川	30.72	18.26	29.00	12.02	4.43	4.09	26.70	23.64	62.54
贵州	32.81	18.92	30.67	12.16	4.09	4.40	25.28	24.15	68.93
云南	39.48	17.93	30.27	10.27	3.66	3.83	17.46	21.48	64.61
西藏									
陕西	50.49	17.31	27.73	8.04	3.37	2.72	15.65	17.37	55.85
甘肃	47.72	19.21	28.90	8.96	4.45	4.07	19.58	20.68	57.13
青海	56.07	20.08	28.88	9.57	3.19	2.93	24.18	23.84	53.93
宁夏	39.54	17.99	29.34	8.27	3.20	2.88	18.20	17.58	55.84
新疆	31.26	16.70	27.92	9.12	3.50	3.56	18.49	19.20	54.90

5-12 续表

单位：元/千克、元/只

地区	生鲜乳	羊肉	玉米	豆粕	小麦麸	进口鱼粉	育肥猪配合饲料	肉鸡配合饲料	蛋鸡配合饲料
全国均价	**3.72**	**55.23**	**1.95**	**3.68**	**1.77**	**12.46**	**3.08**	**3.14**	**2.87**
北京	3.66	54.70	1.78	3.59	1.64	14.43	2.82	3.06	2.71
天津	3.77	57.15	1.76	3.60	1.53	8.98	2.66	3.45	2.50
河北	3.37	50.07	1.70	3.50	1.42	11.81	2.61	3.08	2.40
山西	3.63	50.65	1.67	3.55	1.46	13.75	2.93	3.25	2.52
内蒙古	3.28	46.91	1.73	3.75	1.82	9.66	3.72	3.25	3.14
辽宁	3.86	51.78	1.66	3.56	1.82	11.74	2.92	2.96	2.63
吉林	3.77	50.76	1.57	3.68	1.72	12.65	2.91	2.80	2.59
黑龙江	3.36	49.37	1.55	3.61	1.78	11.87	3.07	3.00	2.69
上海	4.30	67.67	2.01	3.48	1.63	12.55	3.18	3.15	2.89
江苏	3.57	54.61	1.90	3.67	1.63	12.60	2.60	2.94	2.50
浙江	4.14	64.78	2.11	3.50	1.65	14.79	2.89	2.95	2.79
安徽	3.69	55.71	1.92	3.66	1.64	10.85	2.75	2.88	2.71
福建	4.75	64.22	2.02	3.68	1.86	13.44	2.83	2.94	2.91
江西	4.40	65.31	2.36	3.47	2.13	13.90	3.06	3.11	3.11
山东	3.46	57.69	1.73	3.62	1.52	12.51	2.89	2.90	2.55
河南	3.61	52.73	1.79	3.72	1.58	12.67	2.88	3.06	2.63
湖北	3.95	54.78	2.06	3.55	1.80	11.39	2.94	2.90	2.67
湖南		60.95	2.17	3.67	1.96	10.83	3.06	3.19	3.03
广东	4.59	61.75	2.12	3.69	1.97	12.70	3.15	3.13	3.09
广西	5.25	64.99	2.42	3.59	2.04	13.20	3.29	3.24	3.01
海南		96.60	2.23	3.66	2.00		2.99	3.17	3.04
重庆	4.68	45.85	2.11	3.76	1.85	11.37	3.12	3.12	3.01
四川	3.86	58.24	2.20	3.86	1.90	11.85	3.45	3.35	3.28
贵州	4.28	67.06	2.16	3.85	2.15	13.07	3.63	3.51	3.43
云南	3.57	64.32	2.07	3.99	2.20	12.32	3.50	3.61	3.42
西藏									
陕西	3.28	49.58	1.72	3.77	1.64	11.86	3.10	3.11	2.71
甘肃	4.29	42.87	1.96	3.85	1.66	11.66	3.43	3.37	3.25
青海	3.77	40.78	2.08	3.72	1.77		3.42	3.33	2.98
宁夏	3.77	39.39	1.68	3.81	1.64	12.39	3.21	3.17	3.01
新疆	3.92	42.50	1.88	4.08	1.75	14.89	3.34	3.35	3.17

六、畜产品进出口统计

6－1 畜产品进出口分类别情况

单位：万美元、%

类 别	进出口贸易总额			进口金额	
	总额	占贸易总额比重	比上年增减	贸易额	占进口总额比重
生猪产品	698 795.81	24.06	75.55	580 932.26	24.82
蛋产品	18 439.60	0.63	－3.78	0.09	0.00
禽产品	291 170.98	10.03	9.11	138 687.28	5.93
乳品	652 148.55	22.45	13.36	644 173.21	27.53
牛产品	299 558.59	10.31	1.27	281 995.42	12.05
羊产品	61 815.10	2.13	－21.51	58 195.98	2.49
马、驴、骡	4 050.38	0.14	28.08	4 025.05	0.17
骆驼产品	133.73	0.00	－75.58	133.73	0.01
兔产品	2 278.98	0.08	－25.05	43.58	0.00
动物毛	271 094.64	9.33	－3.85	248 358.73	10.61
动物生皮	222 322.59	7.65	－27.60	220 859.25	9.44
动物生毛皮	80 905.62	2.79	－14.61	80 684.17	3.45
其他畜产品	301 616.19	10.39	－2.47	82 148.93	3.51
畜产品合计	2 904 330.75	100.00	10.27	2 340 237.69	100.00

6-1 续表

单位：万美元、%

类 别		出口金额		
	比上年增减	贸易额	占出口总额比重	比上年增减
生猪产品	111.42	117 863.55	20.89	−4.41
蛋产品	−98.26	18 439.51	3.27	−3.75
禽产品	38.02	152 483.70	27.03	−8.35
乳品	13.02	7 975.34	1.41	49.10
牛产品	1.59	17 563.17	3.11	−3.60
羊产品	−22.68	3 619.11	0.64	3.61
马、驴、骡	30.02	25.33	0.00	−62.04
骆驼产品	−75.58			
兔产品	−29.63	2 235.40	0.40	−24.95
动物毛	−5.11	22 735.91	4.03	12.39
动物生皮	−27.73	1 463.34	0.26	−2.05
动物生毛皮	−14.60	221.45	0.04	−20.64
其他畜产品	1.28	219 467.26	38.91	−3.80
畜产品合计	14.45	564 093.06	100.00	−4.24

6－2 畜产品进出口额

单位：亿美元

年　份	进口额	出口额	贸易总额
1995	14.79	28.24	43.02
1996	14.14	28.56	42.70
1997	13.76	27.38	41.15
1998	13.31	24.57	37.88
1999	18.45	22.43	40.89
2000	26.55	25.90	52.45
2001	27.87	26.65	54.52
2002	28.77	25.70	54.47
2003	33.44	27.16	60.60
2004	40.38	31.90	72.29
2005	42.33	36.03	78.36
2006	45.57	37.26	82.83
2007	64.71	40.48	105.19
2008	77.27	43.93	121.20
2009	65.99	39.13	105.11
2010	96.56	47.50	144.06
2011	133.98	59.94	193.92
2012	149.02	64.39	213.40
2013	195.10	65.25	260.34
2014	221.67	68.48	290.15
2015	204.47	58.91	263.38
2016	234.02	56.41	290.43

6-3 畜产品进口主要国家（地区）

单位：万美元、%

国家（地区）	进口金额	占进口总额的比重	比上年增减
澳大利亚	358 317.10	15.31	−11.71
新西兰	344 469.22	14.72	−1.25
美国	289 456.57	12.37	19.65
荷兰	165 699.49	7.08	32.20
德国	171 748.00	7.34	44.37
丹麦	133 524.22	5.71	24.38
巴西	200 972.71	8.59	101.90
乌拉圭	71 564.45	3.06	−7.29
加拿大	95 762.32	4.09	40.09
法国	79 923.14	3.42	18.33
其他国家（地区）	428 800.48	18.32	11.71
合计	2 340 237.70	100.00	14.45

6－4 畜产品出口主要国家（地区）

单位：万美元、%

国家（地区）	出口额	占出口总额的比重	比上年增减
中国香港	191 568.10	33.96	1.19
日本	122 607.19	21.74	－7.43
美国	29 814.89	5.29	－5.19
德国	32 530.48	5.77	6.73
荷兰	14 895.36	2.64	－9.26
泰国	21 854.72	3.87	34.19
中国澳门	13 647.81	2.42	－1.03
英国	11 060.53	1.96	－18.67
越南	16 210.92	2.87	33.27
韩国	8 336.47	1.48	－17.57
其他国家（地区）	101 566.59	18.01	－17.44
合计	564 093.06	100.00	－4.24

6-5 主要畜产品出口量值表

商品编码	商品名称	出口数量（吨）	出口数量比同期（%）	出口金额（万美元）	出口金额比同期（%）
01012100	改良种用马	0.00		0.00	
01012900	其他马，改良种用除外	5.25	−72.52	4.01	−76.49
01013090	其他驴，改良种用除外	0.00	−100.00	0.00	−100.00
01022100	改良种用家牛	0.00		0.00	
01022900	其他家牛，改良种用除外	0.00		0.00	
01023100	改良种用水牛				
01029010	改良种用其他牛	0.00		0.00	
01029090	其他牛，改良种用除外	11 829.50	−1.39	6 106.63	2.39
01031000	改良种用猪	102.54	−32.40	61.36	−28.05
01039120	猪，10千克≤重量＜50千克，改良种用除外	856.37	−11.36	412.79	1.76
01039200	猪，改良种用除外，重量≥50千克	165 788.80	−6.74	50 889.82	6.37
01041010	改良种用绵羊	0.00	−100.00	0.00	−100.00
01041090	其他绵羊，改良种用除外				
01042010	改良种用山羊				
01042090	其他山羊 改良种用除外	111.75	−22.64	92.45	−23.35
01051110	种鸡，重量≤185克	2.22	693.93	4.48	707.54
01051190	其他鸡，重量≤185克	78.62	3.78	59.44	34.93
01051310	改良种用鸭，重量≤185克				
01051410	改良种用鹅，重量≤185克				
01059490	其他鸡，改良种用除外	5 106.06	−6.34	1 468.10	−3.71
01061110	改良种用灵长目动物	0.00		0.00	
01061190	其他灵长目动物，改良种用除外	114.26	89.89	4 200.80	46.09
01061310	改良种用骆驼及其他骆驼科动物				
01061390	其他骆驼及其他骆驼科动物 改良种用除外	0.00		0.00	
01061410	改良种用家兔及野兔	0.00		0.00	
01061490	其他家兔及野兔 改良种用除外	59.41	15.36	32.98	−43.08
01061910	其他改良种用哺乳动物	0.60	−50.00	0.23	−97.49
01061990	其他未列名哺乳动物，改良种用除外	40.81	9.74	472.90	70.29
01063110	改良种用猛禽				
01063210	改良种用鹦形目鸟	0.00		0.00	
01063290	其他鹦形目鸟，改良种用除外	0.00		0.00	

6-5 续表1

商品编码	商品名称	出口数量（吨）	出口数量比同期（%）	出口金额（万美元）	出口金额比同期（%）
01063910	其他改良种用鸟	0.25	740.00	0.52	561.58
01063921	食用乳鸽	542.63	−2.38	266.91	2.66
01063929	其他食用鸟	117.15	7.09	17.94	11.08
01063990	未列名鸟	0.00		0.00	
01064190	其他蜂，改良种用除外	0.00		0.00	
01064910	改良种用昆虫	0.00		0.00	
01064990	其他昆虫，改良种用除外	24.80	−14.60	3.20	51.80
01069019	其他改良种用活动物	0.00		0.00	
01069090	其他活动物 改良种用除外	129.14	5.40	31.57	38.15
02012000	鲜、冷带骨牛肉	0.00		0.00	
02013000	鲜、冷去骨牛肉	0.00		0.00	
02021000	冻整头及半头牛肉	0.00		0.00	
02022000	冻带骨牛肉	7.80		7.54	
02023000	冻去骨牛肉	4 135.51	−12.05	4 018.40	−10.15
02031200	鲜、冷带骨猪前腿、猪后腿及其肉块	3 204.97	1 022.96	1 625.27	1 190.59
02031900	其他鲜、冷猪肉	5 532.42	−39.84	2 751.30	−29.00
02032110	冻整头及半头乳猪肉	488.27	−54.49	615.54	−38.01
02032190	其他冻整头及半头猪肉	233.29	−88.78	119.67	−84.79
02032200	冻带骨猪前腿、猪后腿及其肉块	76.22	128.96	16.16	191.09
02032900	其他冻猪肉	39 003.42	−33.73	20 229.11	−23.53
02042200	鲜、冷带骨绵羊肉	0.00		0.00	
02042300	鲜、冷去骨绵羊肉	0.00		0.00	
02043000	冻整头及半头羔羊肉	0.00	−100.00	0.00	−100.00
02044100	冻整头及半头绵羊肉	85.17		37.76	
02044200	冻带骨绵羊肉	716.10	−15.68	592.54	−18.03
02044300	冻去骨绵羊肉	714.67	−28.41	493.42	−34.48
02045000	山羊肉	2 544.31	35.97	2 402.94	28.27
02050000	鲜、冻、冻马、驴、骡肉	12.93	−36.92	21.32	−43.39
02062100	冻牛舌	0.00		0.00	
02062200	冻牛肝	36.53	55.37	3.23	7.10

6－5　续表 2

商品编码	商 品 名 称	出口数量（吨）	出口数量比同期（%）	出口金额（万美元）	出口金额比同期（%）
02062900	其他冻牛杂碎	52.00	－21.15	8.07	－42.22
02064100	冻猪肝	0.00		0.00	
02064900	其他冻猪杂碎	371.91	－41.92	89.99	－1.18
02068000	其他鲜、冷杂碎（牛、猪杂碎除外）	0.74	－22.84	0.41	－1.51
02069000	其他冻杂碎（牛、猪杂碎除外）	2.93	－97.54	1.49	－96.67
02071100	整只鸡，鲜或冷的	60 712.79	7.03	18 729.52	－0.08
02071200	整只鸡，冻的	2 977.99	－8.10	893.17	－14.48
02071311	鲜或冷的带骨鸡块	262.69	185.24	75.30	113.95
02071321	鲜或冷的鸡翼（不包括翼尖）	0.01		0.00	
02071329	鲜或冷的其他鸡杂碎	109.64	309.70	32.27	244.18
02071411	冻的带骨鸡块	15 204.57	23.97	2 855.39	9.83
02071419	其他冻鸡块	95 015.87	－14.54	18 646.50	－18.70
02071421	冻的鸡翼（不包括翼尖）	1 227.75	61.40	691.10	84.44
02071422	冻鸡爪	0.00	－100.00	0.00	－100.00
02071429	其他冻鸡杂碎	823.81	－74.22	47.65	－80.96
02072500	整只火鸡，冻的	0.00		0.00	
02072700	火鸡块及杂碎，冻的	0.00		0.00	
02074100	鲜或冷的整只鸭	22 375.91	－0.53	4 654.61	－23.07
02074200	整只冻鸭	3 270.83	0.64	716.46	0.80
02074400	鲜或冷的鸭块及杂碎	0.58	34.25	0.19	34.31
02074500	冻的鸭块及杂碎	13 796.90	－40.75	2 188.19	－41.30
02075100	鲜或冷的整只鹅	10 639.14	1.39	3 991.15	－6.46
02075200	整只冻鹅	30.81	－23.48	15.39	－21.86
02075400	鲜或冷的鹅块及杂碎	1.06	－63.03	0.52	－63.13
02075500	冻的鹅块及杂碎	0.91	－54.27	0.45	－49.70
02081020	冻兔肉，不包括兔头	5 803.83	－28.66	2 202.42	－24.59
02089010	鲜、冷、冻乳鸽肉及食用杂碎	3 203.90	14.48	964.95	－12.69
02089090	其他鲜、冷、冻肉及食用杂碎	46.00	43.75	28.22	67.43

6-5 续表 3

商品编码	商品名称	出口数量（吨）	出口数量比同期（%）	出口金额（万美元）	出口金额比同期（%）
02091000	未炼制或用其他方法提取的不带瘦肉的肥猪肉、猪脂肪，鲜、冷、冻、干、熏、盐腌或盐渍	0.00	−100.00	0.00	−100.00
02099000	未炼制或用其他方法提取的不带瘦肉的家禽脂肪，鲜、冷、冻、干、熏、盐腌或盐渍的				
02101110	干、熏、盐腌或盐渍带骨猪腿	4.50	−62.50	2.85	−58.77
02101190	干、熏、盐腌或盐渍带骨猪肉块	0.75	−35.65	0.85	−53.96
02101200	干、熏、盐腌或盐渍猪腹肉（五花肉）	360.32	−5.61	142.96	−8.39
02101900	其他干、熏、盐腌或盐渍猪肉	201.72	−31.07	176.99	−32.64
02102000	干、熏、盐腌或盐渍牛肉	14.95	−90.39	11.35	−84.10
02109900	其他干、熏、盐腌或盐渍肉及食用杂碎，包括可供食用的肉或杂碎的细粉、粗粉	285.23	10.64	142.58	18.16
04011000	未浓缩未加糖的乳及奶油，含脂量<1%	0.00	−100.00	0.00	−100.00
04012000	未浓缩未加糖的乳及奶油，1%<含脂量≤6%	22 825.25	−7.08	2 019.79	−15.77
04014000	未浓缩及未加糖或其他甜物质的乳及奶油含脂量超过6%，但不超过10%	0.00		0.00	
04015000	未浓缩及未加糖或其他甜物质的乳及奶油含脂量超过10%	0.08	−99.54	0.03	−99.66
04021000	固态乳及奶油，含脂量≤1.5%	654.93	−44.42	195.56	−20.42
04022100	未加糖的固态乳及奶油，含脂量>1.5%	1 383.24	−54.34	563.37	23.84
04022900	其他固态乳及奶油，含量>1.5%	1 491.33	125.66	845.88	113.03
04029100	其他浓缩，未加糖的乳及奶油	378.89	186.81	76.31	170.48
04029900	其他浓缩的乳及奶油	1 962.83	17.35	435.97	5.19
04031000	酸乳	83.67	339.81	16.37	95.25
04039000	酪乳、结块或其他发酵或酸化的乳和奶油	759.99	52.80	118.37	143.95
04041000	乳青及改性乳清	73.77	514.71	8.36	138.12
04049000	其他含天然的产品	15.99	8.25	10.48	405.39

6－5　续表 4

商品编码	商品名称	出口数量（吨）	出口数量比同期（%）	出口金额（万美元）	出口金额比同期（%）
04051000	黄油	672.98	－26.59	222.08	－9.18
04052000	乳酱	0.00		0.00	
04059000	其他	378.55	－18.13	136.27	－12.24
04061000	鲜乳酪（未熟化或未固化的）、凝乳	1.04		0.38	
04062000	各种磨碎或粉化的乳酪	13.12	76.14	14.01	28.26
04063000	经加工的乳酪（但抹碎或粉化的除外）	118.74	－13.96	70.66	－19.26
04064000	蓝纹乳酪	0.00		0.00	
04069000	未列名的乳酪	0.10	－56.28	1.13	145.23
04071100	孵化用受精鸡蛋	44.66	16.86	65.17	34.29
04072100	鲜鸡蛋	77 656.74	6.75	11 751.20	－1.85
04072900	其他鲜蛋	261.33	－6.21	61.12	－15.48
04079010	咸蛋	13 946.48	2.13	3 266.72	－6.28
04079020	皮蛋	6 752.84	2.84	1 728.69	－5.19
04079090	未列名腌制或煮过的带壳禽蛋	77.34	10.18	26.28	9.41
04081100	干蛋黄	154.52	9.19	151.84	21.88
04081900	其他蛋黄	420.16	－0.72	251.54	－5.55
04089100	干去壳禽蛋	604.91	1.80	461.47	－27.49
04089900	其他去壳禽蛋	3 248.91	3.99	675.48	－4.20
04090000	天然蜂蜜	128 329.58	－11.35	27 655.61	－4.19
04100010	燕窝	0.00		0.00	
04100041	鲜蜂王浆	803.46	10.55	2 119.23	9.19
04100042	鲜蜂王浆粉	215.23	－10.25	1 857.99	－7.48
04100043	（2006 及后）蜂花粉	2 053.64	－9.51	1 174.76	5.54
04100049	（2006 及后）其他蜂产品	326.66	－52.22	761.17	－43.29
04100090	未列名食用动物产品	12 757.86	25.65	2 222.31	40.31
05021010	猪鬃	6 884.59	5.47	9 102.96	5.38
05021020	猪毛	190.03	－8.44	33.12	3.91
05029011	制刷用山羊毛	327.27	27.20	4 460.29	63.41
05029019	未列名制刷用兽毛	42.31	105.22	917.35	49.85
05040011	盐渍猪肠衣（猪大肠头除外）	75 606.83	－0.89	54 532.35	0.76

6－5 续表 5

商品编码	商品名称	出口数量（吨）	出口数量比同期（%）	出口金额（万美元）	出口金额比同期（%）
05040012	盐渍绵羊肠衣	19 663.39	15.34	43 485.66	－0.74
05040013	盐渍山羊肠衣	486.47	－14.45	1 410.99	－17.09
05040019	其他动物肠衣	780.45	121.67	7 862.93	351.55
05040021	冷、冻的鸡肫（即鸡胃）	0.00		0.00	
05040029	其他动物的胃（鱼除外），整个或切块的	11.86	－3.14	11.61	13.04
05040090	其他动物肠、膀胱及胃（鱼除外），整个或切块的	262.49	－23.17	84.94	－29.20
05051000	填充用羽毛：羽绒	43 676.81	11.15	43 146.83	－16.42
05059010	羽毛或不完整羽毛的粉末及废料				
05059090	其他羽毛：带有羽毛或绒的鸟皮及鸟其他部分	370.35	－16.02	618.52	－15.92
05069019	其他骨粉及骨废料	0.03		0.07	
05069090	其他未经加工或经脱脂、简单整理的骨及角柱	0.01	－54.55	0.01	59.57
05071000	兽牙：兽牙粉末及废料	0.00		0.00	
05079010	羚羊角及其粉末和废料				
05079020	鹿茸及其粉末	89.01	－5.50	1 334.99	－4.93
05079090	龟壳、鲸须、其他兽角、蹄、甲爪及喙	238.95	74.59	103.14	48.64
05100040	斑蝥	0.80	102.02	7.86	82.10
05100090	胆汁：配药用腺体及其他动物产品	86.43	22.30	172.30	－12.40
05111000	牛的精液	0.00	－100.00	0.00	－100.00
05119910	动物精液（牛的精液除外）	0.00		0.21	502.05
05119920	动物胚胎	0.00		0.23	2 011.82
05119940	马毛及废马毛，不论是否制成有或无衬垫的毛片	856.40	－9.65	1 665.32	24.43
05119990	未列名动物产品：不宜食用的第 1 章的死动物 *	9 586.54	－40.45	3 155.67	－23.09

* 具体内容参见《中华人民共和国海关统计商品目录》。

6－5　续表 6

商品编码	商 品 名 称	出口数量（吨）	出口数量比同期（%）	出口金额（万美元）	出口金额比同期（%）
15011000	猪油				
15012000	其他猪脂肪，但品目 02.09 及 15.03 的货品除外*	0.00		0.00	
15019000	家禽脂肪，但品目 02.09 及 15.04 的货品除外*	5.52	12.20	0.40	−59.41
15021000	牛、羊油脂	372.09	118.67	56.87	109.46
15029000	其他牛、羊脂肪	101.00	−12.26	35.80	28.22
15030000	未经制作的猪油硬脂、液体猪油、油硬脂级其他脂油				
15050000	羊毛脂及从羊毛脂制得的脂肪物质	8 218.01	−35.16	3 578.08	−40.73
15060000	未经化学改性的其他动物油脂及其分离品	447.94	65.76	139.19	−2.15
16010010	用天然肠衣做外包装的香肠及类似产品	16 151.97	−4.99	8 427.69	−0.35
16010020	其他香肠及类似产品	13 289.81	−25.76	6 473.54	−30.94
16010030	用香肠制成的食品	104.29	−4.17	93.47	3.81
16021000	均化食品	5.85	−74.33	4.55	−66.33
16022000	制作或保藏的动物肝	1 724.96	6.40	863.50	12.20
16023100	制作或保藏的火鸡	0.01	−10.00	0.01	−41.47
16023210	鸡罐头	2 862.13	4.92	588.22	−3.00
16023291	其他制作或保藏的鸡胸肉	53 829.25	−1.20	19 876.44	−4.20
16023292	其他制作或保藏的鸡腿肉	102 382.72	−5.77	42 309.57	−9.20
16023299	其他制作或保藏的鸡肉及食用杂碎	50 924.05	7.57	23 651.49	2.23
16023910	家禽肉及杂碎罐头	231.76	−27.76	60.56	−21.34
16023991	未列名制作或保藏的鸭肉及食用杂碎	21 200.53	−1.10	9 675.54	−15.30
16023999	未列名制作或保藏的家禽肉及食用杂碎	1.81	−97.57	1.27	−97.81
16024100	制作或保藏的猪后腿及其肉块	1 164.96	−12.53	1 042.46	−14.65
16024200	制作或保藏的猪前腿及其肉块	275.03	5 298.02	104.73	4 714.90
16024910	猪肉及杂碎罐头	38 962.97	−7.29	12 168.15	−6.63
16024990	其他制作或保藏的猪肉及杂碎	57 407.66	−7.09	27 413.53	−1.73

* 具体内容参见《中华人民共和国海关统计商品目录》。

6-5　续表 7

商品编码	商品名称	出口数量（吨）	出口数量比同期（%）	出口金额（万美元）	出口金额比同期（%）
16025010	牛肉及杂碎罐头	2 796.03	52.90	933.94	59.24
16025090	其他制作或保藏的牛肉及杂碎	9 169.24	−9.82	6 474.00	−8.89
16029010	未列名肉及杂碎罐头	1.99	−67.71	0.54	−72.61
16029090	未列名制作或保藏的肉，食用杂碎及动物血	4 090.24	−10.76	2 818.70	−3.28
19011010	供婴幼儿食用的零售包装配方奶粉，全脱脂可可含量低于5%的乳品制	1 878.41	271.68	2 861.71	320.10
19011090	其他供婴幼儿食用的零售包装配方奶粉，全脱脂可可含量低于40%的粉、淀粉或麦精制，或全脱脂可可含量低于5%的乳品制	364.06	38.20	378.60	136.49
23011011	含牛羊成分的肉骨粉	0.00	−100.00	0.00	−100.00
23011019	其他动物的肉骨粉	9.09	−99.13	0.74	−97.94
23011020	油渣	0.00		0.00	
23011090	其他非食用肉、杂碎的渣粉及团粒	0.00		0.00	
41012011	经逆鞣处理未剖层的整张牛皮，简单干燥的不超过8千克，干盐腌的不超过10千克，鲜的、湿盐腌的或以其他方法保藏的不超过16千克				
41012019	其他未剖层的整张牛皮，简单干燥的不超过8千克，干盐腌的不超过10千克，鲜的、湿盐腌的或以其他方法保藏的不超过16千克	24.95		9.75	
41012020	未剖层的整张马皮，简单干燥的不超过8千克，干盐腌的不超过10千克，鲜的、湿盐腌的或以其他方法保藏的不超过16千克	0.00		0.00	
41015011	经逆鞣处理的整张牛皮，超过16千克				
41015019	其他超过16千克的整张牛皮	0.00		0.00	
41015020	其他超过16千克的整张马皮	0.00		0.00	

6-5　续表 8

商品编码	商品名称	出口数量（吨）	出口数量比同期（%）	出口金额（万美元）	出口金额比同期（%）
41019011	其他经逆鞣处理的牛皮	11 598.43	193.59	421.80	158.69
41019019	其他牛皮	6 016.45	47.12	969.82	1.59
41019020	其他生马皮	0.00		0.00	
41021000	带毛的绵羊或羔羊生皮	0.00		0.00	
41022110	经逆鞣处理的浸酸的不带毛的绵羊或羔羊生皮	167.55	130.98	60.77	−66.32
41022190	其他浸酸的不带毛的绵羊或羔羊生皮	0.00		0.00	
41032000	爬行动物皮	0.00	−100.00	0.00	−100.00
41033000	猪皮	24.42		0.93	
41039019	其他山羊板皮	0.00		0.00	
41039021	经逆鞣处理的山羊或小山羊皮				
41039029	其他山羊或小山羊皮	0.00	−100.00	0.00	−100.00
41039090	其他生皮	0.16	−99.20	0.27	−98.46
43011000	整张水貂皮，不论是否带头、尾或爪	0.20		0.28	
43013000	阿斯特拉罕等羔羊的整张毛皮				
43016000	整张狐皮，不论是否带头、尾或爪	0.00		0.00	
43018010	整张兔皮	0.00		0.00	
43018090	其他整张毛皮	104.42	−17.11	221.17	−20.74
43019090	其他适合加工皮货用的头、尾、爪等块、片	0.00		0.00	
51011100	未梳含脂剪羊毛	0.00	−100.00	0.00	−100.00
51011900	其他未梳含脂羊毛，未碳化	0.00		0.00	
51012100	未梳脱脂剪羊毛，未碳化	8 265.14	−8.24	1 855.78	−11.51
51012900	其他未梳脱脂羊毛，未碳化	127.92	−70.59	34.54	−72.81
51013000	未梳碳化羊毛	3 472.17	−10.42	2 886.71	−6.12
51021100	未梳克什米尔山羊绒毛	0.00	−100.00	0.00	−100.00
51021920	未梳山羊绒	0.00	−100.00	0.00	−100.00
51021930	未梳骆驼毛，骆驼绒	0.00	−100.00	0.00	−100.00
51021990	其他未梳动物细毛	4.80		2.41	
51022000	未梳动物粗毛	0.00		0.00	
51031010	羊毛落毛	2 591.18	20.00	1 736.48	26.06
51032010	羊毛废料	47.00	257.28	33.83	255.42
51032090	其他动物细毛的废料	3.55		7.11	

七、2014 年世界畜产品生产情况

7－1　肉类总产量及排名

位次	国家（地区）	肉类总产量（吨）
	世界	317 854 820
1	**中国**	**84 797 637**
2	美国	42 564 728
3	巴西	26 052 892
4	俄罗斯	9 070 305
5	德国	8 355 666
6	印度	6 601 016
7	墨西哥	6 223 804
8	西班牙	5 742 047
9	法国	5 489 471
10	阿根廷	5 192 926
11	澳大利亚	4 864 162
12	越南	4 488 475
13	加拿大	4 383 572
14	波兰	4 151 037
15	日本	3 902 856
16	英国	3 696 343
17	意大利	3 620 276
18	印度尼西亚	3 380 179
19	南非	3 222 216
20	菲律宾	3 211 102

7－2 猪肉生产及排名

位次	国家（地区）	屠宰数（头）	国家（地区）	胴体重（千克/头）	国家（地区）	产量（吨）
	世界	1 473 628 702	世界	78.3	世界	115 313 734
1	**中国**	**735 104 000**	波多黎各（美）	149.0	**中国**	**54 445 500**
2	美国	106 957 700	意大利	121.5	美国	10 368 214
3	德国	58 934 837	智利	101.6	德国	5 527 769
4	越南	47 081 336	中国台湾	101.1	西班牙	3 555 606
5	西班牙	43 484 000	厄瓜多尔	100.6	越南	3 330 590
6	巴西	37 130 094	马其顿	98.3	巴西	3 192 295
7	俄罗斯	34 271 029	奥地利	97.5	俄罗斯	2 973 928
8	菲律宾	25 427 389	美国	96.9	法国	2 130 300
9	法国	24 086 716	加拿大	96.1	加拿大	1 962 430
10	波兰	21 665 978	比利时	94.3	波兰	1 864 500
11	加拿大	20 418 200	荷兰	93.9	菲律宾	1 690 692
12	丹麦	18 857 500	德国	93.8	丹麦	1 593 900
13	墨西哥	16 431 769	乌兹别克斯坦	93.3	荷兰	1 370 890
14	日本	16 202 855	缅甸	92.9	意大利	1 327 822
15	韩国	16 163 246	斯洛伐克	92.9	墨西哥	1 290 591
16	荷兰	14 595 890	瑞典	92.2	日本	1 263 599
17	印度尼西亚	13 800 000	斯洛文尼亚	92.0	韩国	1 196 519
18	泰国	12 822 990	匈牙利	91.8	比利时	1 118 330
19	比利时	11 855 070	芬兰	90.6	泰国	948 901
20	意大利	10 930 709	新喀里多尼亚（法）	90.5	英国	863 000
60			**中国**	**74.1**		

7-3 牛肉生产及排名

位次	国家（地区）	屠宰数（头）	国家（地区）	胴体重（千克/头）	国家（地区）	产量（吨）
	世界	300 074 797	世界	215.5	世界	64 681 068
1	**中国**	**45 841 500**	以色列	408.0	美国	11 453 253
2	巴西	40 385 000	日本	408.0	巴西	9 723 000
3	美国	30 857 300	新加坡	394.6	**中国**	**6 552 400**
4	阿根廷	12 100 979	加拿大	392.7	阿根廷	2 674 000
5	澳大利亚	9 896 168	美国	371.2	澳大利亚	2 586 317
6	印度	9 291 713	卢森堡	357.8	墨西哥	1 827 152
7	墨西哥	8 604 999	中国澳门	338.9	俄罗斯	1 654 135
8	俄罗斯	8 578 174	爱尔兰	332.7	法国	1 410 911
9	乌兹别克斯坦	4 678 649	奥地利	330.2	德国	1 142 603
10	法国	4 675 262	英国	328.6	加拿大	1 098 820
11	巴基斯坦	4 325 000	韩国	321.2	南非	1 000 659
12	新西兰	4 320 830	德国	316.8	印度	957 046
13	哥伦比亚	3 937 870	瑞典	314.7	土耳其	881 999
14	土耳其	3 712 281	塞浦路斯	310.9	英国	877 000
15	德国	3 606 557	比利时	308.5	巴基斯坦	850 000
16	南非	3 368 571	埃及	307.7	哥伦比亚	837 384
17	埃塞俄比亚	3 368 565	芬兰	302.5	乌兹别克斯坦	800 000
18	苏丹	3 336 000	法国	301.8	意大利	694 634
19	坦桑尼亚	3 003 427	中国香港	298.8	新西兰	625 676
20	尼日利亚	2 938 646	南非	297.1	西班牙	585 218
154			**中国**	**142.9**		

7-4 水牛肉生产及排名

位次	国家（地区）	屠宰数（头）	国家（地区）	胴体重（千克/头）	国家（地区）	产量（吨）
	世界	26 220 078	世界	142.0	世界	3 724 045
1	印度	11 600 000	埃及	330.7	印度	1 615 093
2	巴基斯坦	7 158 000	中国台湾	269.8	巴基斯坦	844 000
3	**中国**	**3 450 000**	希腊	263.8	埃及	379 931
4	埃及	1 149 000	土耳其	241.6	**中国**	**340 000**
5	尼泊尔	800 000	文莱	217.5	尼泊尔	173 906
6	菲律宾	463 731	尼泊尔	217.4	菲律宾	100 078
7	越南	436 816	越南	216.2	越南	94 420
8	缅甸	317 562	菲律宾	215.8	缅甸	46 914
9	印度尼西亚	195 000	伊拉克	211.1	印度尼西亚	35 236
10	老挝	179 130	保加利亚	194.3	泰国	28 306
11	泰国	153 005	意大利	189.7	老挝	19 750
12	孟加拉国	78 270	泰国	185.0	意大利	14 793
13	意大利	77 988	马来西亚	181.4	柬埔寨	9 723
14	柬埔寨	60 769	印度尼西亚	180.7	孟加拉国	6 653
15	斯里兰卡	37 314	伊朗	166.3	斯里兰卡	4 216
16	伊朗	21 373	柬埔寨	160.0	伊朗	3 554
17	马来西亚	19 167	叙利亚	156.2	马来西亚	3 477
18	东帝汶	6 230	中国澳门	150.0	伊拉克	821
19	叙利亚	5 077	关岛（美）	150.0	叙利亚	793
20	伊拉克	3 889	缅甸	147.7	东帝汶	623
26			**中国**	**98.6**		

7－5　山羊肉生产及排名

位次	国家（地区）	屠宰数（头）	国家（地区）	胴体重（千克/头）	国家（地区）	产量（吨）
	世界	444 168 894	世界	12.4	世界	5 524 075
1	**中国**	**153 145 000**	中国台湾	**26.0**	**中国**	**2 098 100**
2	印度	50 500 000	厄瓜多尔	26.0	印度	505 064
3	孟加拉国	26 076 592	卢旺达	26.0	巴基斯坦	309 000
4	尼日利亚	23 243 308	叙利亚	26.0	尼日利亚	244 575
5	巴基斯坦	18 060 000	澳大利亚	25.0	孟加拉国	208 613
6	苏丹	12 866 000	阿曼	25.0	伊朗	144 774
7	伊朗	10 328 567	卢森堡	24.8	苏丹	115 000
8	埃塞俄比亚	8 775 571	阿尔巴尼亚	24.0	马里	80 066
9	也门	7 500 882	塞浦路斯	21.7	也门	75 019
10	印度尼西亚	6 800 000	巴勒斯坦	21.5	埃塞俄比亚	74 277
11	南苏丹	6 250 000	埃及	20.5	缅甸	66 356
12	马里	5 718 367	伊拉克	20.0	印度尼西亚	65 142
13	尼泊尔	5 150 000	斯里兰卡	20.0	土耳其	63 283
14	蒙古	4 462 707	比利时	19.8	肯尼亚	61 403
15	布基纳法索	4 461 243	中非	18.7	蒙古	60 548
16	缅甸	4 122 503	黎巴嫩	18.6	尼泊尔	59 053
17	土耳其	4 118 546	菲律宾	18.6	菲律宾	55 323
18	马拉维	3 800 789	肯尼亚	18.5	埃及	52 522
19	阿富汗	3 418 807	智利	18.0	南苏丹	50 000
20	肯尼亚	3 315 500	克罗地亚	18.0	阿富汗	43 341
76			**中国**	**13.7**		

7-6　绵羊肉生产及排名

位次	国家（地区）	屠宰数（头）	国家（地区）	胴体重（千克/头）	国家（地区）	产量（吨）
	世界	545 078 664	世界	16.4	世界	8 960 335
1	**中国**	**135 652 000**	巴巴多斯	33.0	**中国**	**2 184 000**
2	澳大利亚	32 206 844	黑山	33.0	澳大利亚	720 600
3	新西兰	25 141 862	卢旺达	33.0	新西兰	487 143
4	印度	19 600 000	叙利亚	33.0	土耳其	312 527
5	土耳其	19 502 016	埃及	31.9	英国	298 000
6	阿尔及利亚	16 808 370	巴勒斯坦	31.8	阿尔及利亚	290 995
7	苏丹	15 400 000	美国	30.3	苏丹	251 000
8	英国	14 620 000	阿曼	29.8	印度	235 215
9	尼日利亚	13 947 790	日本	29.1	俄罗斯	186 386
10	巴基斯坦	11 001 000	南非	28.4	南非	183 970
11	南苏丹	10 800 000	黎巴嫩	27.5	乌兹别克斯坦	177 000
12	俄罗斯	10 590 813	阿尔巴尼亚	27.0	巴基斯坦	164 000
13	西班牙	9 928 000	新加坡	27.0	叙利亚	161 331
14	摩洛哥	9 905 215	加拿大	25.9	伊朗	147 996
15	土库曼斯坦	9 092 383	乌兹别克斯坦	25.9	尼日利亚	139 478
16	埃塞俄比亚	8 814 030	奥地利	25.2	土库曼斯坦	139 392
17	伊朗	7 990 311	牙买加	24.7	哈萨克斯坦	138 630
18	哈萨克斯坦	7 493 500	波兰	23.4	摩洛哥	120 359
19	乌兹别克斯坦	6 823 110	格林纳达	22.8	南苏丹	115 000
20	罗马尼亚	6 576 000	瑞士	22.6	西班牙	113 600
76			**中国**	**16.1**		

7-7 鸡肉生产及排名

位次	国家（地区）	屠宰数（千只）	国家（地区）	胴体重（千克/头）	国家（地区）	产量（吨）
	世界	62 005 780	世界	1.61	世界	100 352 826
1	**中国**	**8 725 254**	阿根廷	2.20	美国	17 722 312
2	美国	8 669 628	巴西	2.20	巴西	12 519 475
3	巴西	5 690 670	智利	2.20	**中国**	**12 257 000**
4	印度尼西亚	2 300 000	几内亚	2.20	俄罗斯	3 769 693
5	俄罗斯	2 280 343	日本	2.20	墨西哥	2 879 686
6	印度	1 980 000	马拉维	2.20	印度	2 730 037
7	伊朗	1 692 133	卢旺达	2.20	日本	2 128 185
8	墨西哥	1 616 148	尼加拉瓜	2.15	伊朗	2 069 400
9	泰国	1 308 900	玻利维亚	2.13	印度尼西亚	1 939 225
10	土耳其	1 109 742	厄瓜多尔	2.13	阿根廷	1 934 000
11	缅甸	1 004 861	秘鲁	2.12	土耳其	1 894 669
12	日本	967 357	哥伦比亚	2.12	泰国	1 756 536
13	菲律宾	964 917	新加坡	2.05	南非	1 717 181
14	南非	958 430	美国	2.04	波兰	1 632 190
15	英国	942 000	委内瑞拉	2.01	英国	1 442 000
16	波兰	920 661	乌兹别克斯坦	2.00	马来西亚	1 415 515
17	阿根廷	879 091	阿尔巴尼亚	2.00	缅甸	1 389 207
18	巴基斯坦	855 000	塞浦路斯	1.95	哥伦比亚	1 359 153
19	法国	841 925	哥斯达黎加	1.92	秘鲁	1 317 426
20	韩国	808 534	洪都拉斯	1.91	西班牙	1 235 500
76			**中国**	**1.40**		

7－8　火鸡肉生产及排名

位次	国家（地区）	屠宰数（千只）	国家（地区）	胴体重（千克/头）	国家（地区）	产量（吨）
	世界	648 739	世界	8.65	世界	5 611 054
1	美国	242 226	中国台湾	10.78	美国	2 610 710
2	巴西	73 450	德国	10.78	巴西	470 000
3	法国	52 475	匈牙利	10.78	德国	469 100
4	德国	43 524	斯洛文尼亚	10.78	法国	377 873
5	波兰	29 988	英国	10.78	意大利	309 889
6	意大利	29 894	美国	10.78	英国	172 000
7	加拿大	21 350	意大利	10.37	加拿大	167 900
8	西班牙	19 995	立陶宛	10.37	西班牙	158 549
9	英国	15 958	克罗地亚	10.33	波兰	149 921
10	突尼斯	11 400	智利	10.22	智利	96 802
11	荷兰	11 241	奥地利	10.13	匈牙利	77 500
12	摩洛哥	11 039	斯洛伐克	9.82	突尼斯	69 300
13	以色列	10 822	比利时	9.64	以色列	67 340
14	智利	9 468	捷克	9.55	荷兰	62 120
15	葡萄牙	8 744	芬兰	9.21	摩洛哥	55 196
16	匈牙利	7 191	巴巴多斯	9.15	葡萄牙	39 681
17	阿根廷	6 838	挪威	8.49	阿根廷	34 872
18	土耳其	5 787	南非	8.00	爱尔兰	27 565
19	澳大利亚	5 523	瑞典	7.96	阿尔及利亚	22 178
20	阿尔及利亚	4 426	西班牙	7.93	奥地利	20 300

7-9 鸭肉生产及排名

位次	国家（地区）	屠宰数（千只）	国家（地区）	胴体重（千克/只）	国家（地区）	产量（吨）
	世界	2 858 773	世界	1.51	世界	4 331 381
1	**中国**	**2 082 608**	比利时	2.80	**中国**	**2 801 600**
2	法国	101 064	保加利亚	2.80	法国	282 979
3	缅甸	87 137	丹麦	2.80	马来西亚	157 279
4	越南	85 538	法国	2.80	缅甸	129 005
5	马来西亚	56 171	匈牙利	2.80	越南	102 646
6	孟加拉国	46 851	约旦	2.80	中国台湾	85 225
7	中国台湾	38 332	马来西亚	2.80	埃及	80 358
8	印度尼西亚	37 985	斯洛伐克	2.80	匈牙利	71 000
9	埃及	32 246	玻利维亚	2.78	美国	59 398
10	韩国	28 071	阿根廷	2.60	泰国	56 178
11	美国	26 368	奥地利	2.50	韩国	55 817
12	匈牙利	25 357	墨西哥	2.50	德国	49 300
13	泰国	24 234	南非	2.50	孟加拉国	46 851
14	印度	22 200	埃及	2.49	印度尼西亚	37 985
15	德国	20 272	挪威	2.47	波兰	37 058
16	波兰	17 188	德国	2.43	英国	32 100
17	菲律宾	14 883	乌克兰	2.40	菲律宾	29 767
18	英国	14 300	泰国	2.32	印度	28 860
19	澳大利亚	8 761	美国	2.25	保加利亚	22 247
20	墨西哥	8 370	英国	2.24	墨西哥	20 924
52			**中国**	**1.35**		

7-10 鹅肉和珍珠鸡肉生产及排名

位次	国家（地区）	屠宰数（千只）	国家（地区）	胴体重（千克/只）	国家（地区）	产量（吨）
	世界	662 823	世界	3.95	世界	2 616 508
1	**中国**	**612 236**	加拿大	5.00	**中国**	**2 443 000**
2	埃及	9 136	克罗地亚	5.00	匈牙利	30 000
3	意大利	6 900	法国	5.00	波兰	29 574
4	匈牙利	6 424	德国	5.00	埃及	24 668
5	波兰	6 383	保加利亚	4.90	中国台湾	22 472
6	中国台湾	5 549	英国	4.75	意大利	18 000
7	缅甸	4 689	匈牙利	4.67	马达加斯加	12 631
8	马达加斯加	4 210	波兰	4.63	缅甸	9 426
9	以色列	1 095	丹麦	4.37	德国	4 900
10	德国	980	斯洛伐克	4.36	法国	4 764
11	法国	953	希腊	4.20	以色列	3 663
12	伊朗	892	奥地利	4.12	伊朗	2 231
13	土耳其	567	中国台湾	4.05	英国	1 989
14	英国	419	爱尔兰	4.00	土耳其	1 417
15	泰国	320	新西兰	4.00	爱尔兰	1 224
16	爱尔兰	306	叙利亚	4.00	加拿大	1 106
17	菲律宾	251	**中国**	**3.99**	泰国	800
18	加拿大	221	捷克	3.75	捷克	604
19	阿根廷	175	南非	3.50	克罗地亚	563
20	捷克	161	立陶宛	3.35	阿根廷	524

7－11 兔肉生产及排名

位次	国家（地区）	屠宰数（千只）	国家（地区）	胴体重（千克/只）	国家（地区）	产量（吨）
	世界	1 068 470	世界	1.46	世界	1 559 927
1	**中国**	**499 305**	乌兹别克斯坦	3.98	**中国**	**762 627**
2	意大利	179 235	拉脱维亚	2.09	意大利	268 980
3	朝鲜	116 853	波兰	2.09	朝鲜	151 909
4	埃及	56 333	俄罗斯	2.09	埃及	64 867
5	西班牙	52 900	委内瑞拉	2.09	西班牙	63 790
6	法国	37 435	卢森堡	2.00	法国	53 292
7	德国	21 478	韩国	2.00	捷克	38 602
8	捷克	20 039	叙利亚	1.97	德国	34 253
9	阿尔及利亚	8 389	捷克	1.93	俄罗斯	16 579
10	俄罗斯	7 944	立陶宛	1.81	乌克兰	13 400
11	塞拉利昂	7 689	博茨瓦纳	1.80	阿尔及利亚	8 389
12	乌克兰	7 496	特立尼达和多巴哥	1.79	塞拉利昂	7 689
13	阿根廷	6 608	乌克兰	1.79	匈牙利	7 400
14	匈牙利	5 196	毛里求斯	1.78	阿根廷	7 269
15	墨西哥	4 374	希腊	1.77	希腊	6 799
16	保加利亚	3 904	马提尼克（法）	1.77	保加利亚	6 629
17	希腊	3 841	白俄罗斯	1.74	墨西哥	4 374
18	秘鲁	2 804	卢旺达	1.73	卢旺达	4 105
19	肯尼亚	2 597	奥地利	1.70	波兰	3 900
20	哥伦比亚	2 450	保加利亚	1.70	斯洛伐克	3 544
23			**中国**	**1.53**		

7－12　蛋类总产量及排名

位次	国家（地区）	产蛋禽（千只）	国家（地区）	单产（千克/只）	国家（地区）	产量（吨）
	世界	7 253 785	世界	10.41	世界	75 524 351
1	**中国**	**2 700 000**	马提尼克（法）	24.43	**中国**	**28 992 716**
2	美国	370 637	约旦	24.12	美国	5 973 968
3	巴西	359 300	厄瓜多尔	20.72	印度	3 965 474
4	印度	334 299	葡萄牙	20.38	墨西哥	2 567 199
5	印度尼西亚	290 711	瑞士	19.38	日本	2 501 921
6	孟加拉国	210 385	卢森堡	19.35	巴西	2 476 218
7	墨西哥	193 407	比利时	19.30	俄罗斯	2 349 060
8	俄罗斯	176 237	爱沙尼亚	18.89	印度尼西亚	1 731 998
9	尼日利亚	143 500	瑞典	18.80	乌克兰	1 137 400
10	日本	133 506	日本	18.74	泰国	1 129 788
11	泰国	128 567	智利	18.60	土耳其	1 071 587
12	乌克兰	104 847	马耳他	18.58	法国	956 379
13	土耳其	93 751	芬兰	18.41	伊朗	800 000
14	菲律宾	91 913	哥斯达黎加	18.32	西班牙	788 113
15	马来西亚	90 185	留尼汪（法）	17.86	德国	786 500
16	意大利	72 000	德国	17.79	马来西亚	742 965
17	越南	72 000	塞浦路斯	17.59	荷兰	726 000
18	韩国	71 219	加拿大	17.35	意大利	713 900
19	缅甸	70 254	丹麦	17.30	巴基斯坦	698 631
20	伊朗	68 000	委内瑞拉	17.28	英国	695 000
75			**中国**	**10.73**		

7－13 带壳鸡蛋产量及排名

位次	国家（地区）	产蛋鸡（千只）	国家（地区）	单产（千克/只）	国家（地区）	产量（吨）
	世界	7 043 528	世界	9.90	世界	69 790 757
1	**中国**	**2 700 000**	马提尼克（法）	24.43	**中国**	**24 598 000**
2	美国	370 637	约旦	24.12	美国	5 973 968
3	印度	334 299	厄瓜多尔	20.72	印度	3 965 474
4	巴西	320 000	葡萄牙	20.29	墨西哥	2 567 199
5	印度尼西亚	254 000	瑞士	19.38	日本	2 501 921
6	墨西哥	193 407	卢森堡	19.35	俄罗斯	2 313 500
7	孟加拉国	180 000	比利时	19.30	巴西	2 240 551
8	俄罗斯	176 237	爱沙尼亚	18.89	印度尼西亚	1 428 947
9	尼日利亚	143 500	瑞典	18.80	乌克兰	1 119 800
10	日本	133 506	日本	18.74	土耳其	1 071 587
11	乌克兰	104 847	智利	18.60	法国	956 379
12	土耳其	93 751	马耳他	18.58	伊朗	800 000
13	泰国	92 000	芬兰	18.41	西班牙	787 374
14	马来西亚	89 000	哥斯达黎加	18.32	德国	786 500
15	菲律宾	85 000	留尼汪（法）	17.86	泰国	731 603
16	意大利	72 000	德国	17.79	马来西亚	727 620
17	越南	72 000	塞浦路斯	17.59	荷兰	726 000
18	伊朗	68 000	加拿大	17.35	意大利	713 900
19	韩国	67 674	丹麦	17.30	哥伦比亚	691 755
20	缅甸	62 598	委内瑞拉	17.28	巴基斯坦	684 132
95			**中国**	**9.11**		

7-14 其他带壳禽蛋产量及排名

位次	国家（地区）	产蛋禽（千只）	国家（地区）	单产（千克/只）	国家（地区）	产量（吨）
	世界	210 257	世界	27.27	世界	5 733 594
1	巴西	39 300	西班牙	45.22	印度尼西亚	5 305 000
2	印度尼西亚	36 711	马来西亚	12.95	巴西	4 713 300
3	泰国	36 567	泰国	10.89	**中国**	**4 394 716**
4	孟加拉国	30 385	韩国	9.10	缅甸	933 788
5	纳米比亚	27 043	印度尼西亚	8.26	菲律宾	638 600
6	缅甸	7 655	新西兰	8.15	泰国	398 185
7	菲律宾	6 913	缅甸	6.73	印度尼西亚	303 051
8	安提瓜和巴布达	5 340	菲律宾	6.00	巴西	235 667
9	立陶宛	5 100	巴西	6.00	乌克兰	195 900
10	巴基斯坦	4 841	塞舌尔	5.99	孟加拉国	106 256
11	韩国	3 545	尼泊尔	5.49	新加坡	80 000
12	马达加斯加	2 517	巴布亚新几内亚	5.14	匈牙利	58 000
13	马来西亚	1 185	柬埔寨	4.93	缅甸	51 542
14	柬埔寨	851	海地	4.91	白俄罗斯	42 000
15	新加坡	570	老挝	4.18	菲律宾	41 510
16	坦桑尼亚	503	巴拉圭	4.13	俄罗斯	35 560
17	巴拉圭	238	斯里兰卡	3.74	立陶宛	32 940
18	新西兰	222	坦桑尼亚	3.61	韩国	32 279
19	尼泊尔	179	孟加拉国	3.50	中国台湾	25 170
20	保加利亚	141	巴基斯坦	3.00	乌兹别克斯坦	19 595

7－15　奶类总产量及排名

位次	国家（地区）	奶畜（头）	国家（地区）	单产（千克/头）	国家（地区）	产量（吨）
	世界	813 776 018	世界	985	世界	801 649 444
1	印度	116 603 180	美国	9 766	印度	146 313 530
2	巴基斯坦	78 359 000	丹麦	9 227	美国	93 460 920
3	**中国**	**64 093 000**	加拿大	8 811	巴基斯坦	50 139 000
4	苏丹	49 146 000	瑞典	8 634	**中国**	**42 198 273**
5	孟加拉国	37 577 528	芬兰	8 414	巴西	35 278 019
6	巴西	28 078 380	日本	8 209	德国	32 432 207
7	土耳其	24 588 563	英国	8 131	俄罗斯	30 757 191
8	南苏丹	21 750 000	以色列	8 076	法国	26 203 400
9	阿尔及利亚	20 775 348	爱沙尼亚	8 060	新西兰	21 317 000
10	伊朗	19 795 000	韩国	7 608	土耳其	18 630 859
11	索马里	17 788 113	德国	7 471	英国	15 050 000
12	蒙古	16 000 537	比利时	6 873	波兰	13 002 257
13	埃塞俄比亚	15 168 896	匈牙利	6 577	荷兰	12 729 229
14	叙利亚	13 872 074	卢森堡	6 570	意大利	11 639 611
15	肯尼亚	13 290 371	荷兰	6 561	墨西哥	11 285 119
16	阿富汗	13 228 805	瑞士	6 462	乌克兰	11 132 630
17	马里	12 698 023	捷克	6 286	阿根廷	11 009 900
18	印度尼西亚	11 768 288	挪威	6 191	澳大利亚	9 542 000
19	尼日尔	10 225 782	奥地利	5 964	乌兹别克斯坦	8 431 535
20	希腊	9 926 640	澳大利亚	5 795	加拿大	8 399 680
110			**中国**	**659**		

7-16　全脂鲜牛奶总产量及排名

位次	国家（地区）	奶畜（头）	国家（地区）	单产（千克/头）	国家（地区）	产量（吨）
	世界	274 002 442	世界	2 394	世界	655 957 920
1	印度	45 949 160	以色列	12 688	美国	93 460 920
2	巴西	23 027 951	韩国	10 184	印度	66 423 450
3	**中国**	**12 500 000**	美国	10 150	**中国**	**37 246 400**
4	巴基斯坦	11 725 000	丹麦	9 227	巴西	35 124 360
5	埃塞俄比亚	11 381 972	加拿大	8 811	德国	32 394 969
6	美国	9 207 600	瑞典	8 634	俄罗斯	30 511 019
7	苏丹	7 686 000	芬兰	8 414	法国	25 332 500
8	南苏丹	7 650 000	沙特阿拉伯	8 333	新西兰	21 317 000
9	俄罗斯	7 572 692	葡萄牙	8 291	巴基斯坦	18 027 000
10	坦桑尼亚	7 000 000	爱沙尼亚	8 221	土耳其	16 998 850
11	哥伦比亚	6 278 172	日本	8 209	英国	15 050 000
12	肯尼亚	5 750 000	英国	8 131	波兰	12 985 520
13	土耳其	5 609 240	西班牙	8 033	荷兰	12 473 023
14	新西兰	5 175 869	捷克	7 913	墨西哥	11 129 622
15	德国	4 295 680	荷兰	7 747	意大利	11 044 109
16	孟加拉国	4 080 000	德国	7 541	阿根廷	11 009 900
17	阿富汗	4 050 000	匈牙利	7 533	乌克兰	10 860 580
18	乌兹别克斯坦	4 020 600	塞浦路斯	7 376	澳大利亚	9 542 000
19	法国	3 698 450	比利时	7 108	乌兹别克斯坦	8 404 235
20	乌干达	3 500 000	挪威	6 973	加拿大	8 399 680
61			**中国**	**2 980**		

7-17　全脂鲜水牛奶总产量及排名

位次	国家（地区）	奶畜（头）	国家（地区）	单产（千克/头）	国家（地区）	产量（吨）
	世界	62 556 058	世界	182	世界	114 015 334
1	印度	39 725 230	巴基斯坦	2 419	印度	74 709 900
2	巴基斯坦	12 921 000	印度	1 881	巴基斯坦	31 252 000
3	**中国**	**5 500 000**	埃及	1 652	**中国**	**3 100 000**
4	埃及	1 769 366	叙利亚	1 602	埃及	2 923 025
5	尼泊尔	1 345 837	伊朗	1 511	尼泊尔	1 167 773
6	缅甸	685 600	马来西亚	1 457	缅甸	374 319
7	意大利	238 396	保加利亚	1 441	意大利	194 513
8	孟加拉国	97 297	越南	1 000	伊朗	68 000
9	斯里兰卡	90 220	土耳其	998	土耳其	54 803
10	土耳其	54 891	希腊	983	斯里兰卡	45 854
11	伊朗	45 000	伊拉克	889	孟加拉国	39 965
12	越南	32 073	尼泊尔	868	越南	32 073
13	伊拉克	25 252	意大利	816	伊拉克	22 444
14	格鲁吉亚	9 008	格鲁吉亚	675	马来西亚	9 052
15	马来西亚	6 211	**中国**	**564**	保加利亚	8 867
16	保加利亚	6 154	不丹	547	叙利亚	6 309
17	叙利亚	3 938	缅甸	546	格鲁吉亚	6 077
18	不丹	211	斯里兰卡	508	希腊	196
19	希腊	199	阿尔巴尼亚	469	不丹	116
20	文莱	167	孟加拉国	411	文莱	45

7-18　全脂鲜山羊奶总产量及排名

位次	国家（地区）	奶畜（头）	国家（地区）	单产（千克/头）	国家（地区）	产量（吨）
	世界	225 232 071	世界	81	世界	18 340 016
1	巴基斯坦	38 604 000	卢森堡	1 100	印度	5 180 180
2	孟加拉国	32 832 552	德国	817	孟加拉国	2 779 086
3	印度	30 928 790	荷兰	776	苏丹	1 116 000
4	苏丹	17 431 000	法国	694	巴基斯坦	822 000
5	蒙古	8 874 823	以色列	690	法国	604 400
6	南苏丹	7 100 000	比利时	639	南苏丹	500 000
7	印度尼西亚	7 091 157	挪威	635	西班牙	477 400
8	索马里	6 900 000	奥地利	635	土耳其	463 270
9	尼日尔	5 134 965	瑞士	629	马里	420 102
10	巴西	5 050 429	葡萄牙	560	索马里	399 625
11	肯尼亚	4 659 544	捷克	556	希腊	351 209
12	土耳其	4 400 168	乌克兰	515	阿尔及利亚	313 936
13	伊朗	4 200 000	白俄罗斯	474	尼日尔	308 099
14	马里	3 020 768	立陶宛	464	**中国**	**300 000**
15	希腊	2 987 757	斯洛文尼亚	452	印度尼西亚	278 262
16	坦桑尼亚	2 793 508	拉脱维亚	429	肯尼亚	277 684
17	阿尔及利亚	2 728 991	牙买加	384	荷兰	256 206
18	也门	2 667 446	西班牙	376	乌克兰	248 364
19	阿富汗	2 217 815	巴哈马	373	俄罗斯	243 028
20	布基纳法索	1 878 426	克罗地亚	352	牙买加	185 967
24	**中国**	**1 525 000**				
31			**中国**	**197**		

7-19　全脂鲜绵羊奶总产量及排名

位次	国家（地区）	奶畜（头）	国家（地区）	单产（千克/头）	国家（地区）	产量（吨）
	世界	243 591 720	世界	43	世界	10 429 155
1	**中国**	**44 500 000**	以色列	643	**中国**	**1 537 706**
2	苏丹	22 357 000	奥地利	435	土耳其	1 113 937
3	阿尔及利亚	16 870 704	瑞士	431	希腊	772 072
4	巴基斯坦	15 109 000	法国	217	叙利亚	685 191
5	土耳其	14 524 264	马耳他	209	罗马尼亚	673 477
6	伊朗	13 500 000	西班牙	191	西班牙	592 800
7	叙利亚	11 733 920	斯洛文尼亚	191	索马里	503 523
8	罗马尼亚	8 723 193	葡萄牙	177	伊朗	445 000
9	索马里	7 123 182	亚美尼亚	121	苏丹	402 000
10	南苏丹	7 000 000	希腊	114	意大利	372 526
11	阿富汗	6 934 619	哈萨克斯坦	110	阿尔及利亚	363 238
12	希腊	6 780 436	俄罗斯	106	马里	301 685
13	马里	6 681 800	格鲁吉亚	104	法国	266 500
14	蒙古	6 358 170	塞尔维亚	102	阿富汗	216 296
15	意大利	5 142 003	巴勒斯坦	99	南苏丹	160 000
16	印度尼西亚	4 190 293	塞浦路斯	99	尼日尔	131 422
17	尼日尔	3 280 014	巴林	85	印度尼西亚	127 970
18	也门	3 189 093	吉尔吉斯斯坦	80	毛里塔尼亚	123 362
19	西班牙	3 100 000	科威特	80	埃及	103 176
20	沙特阿拉伯	2 515 145	阿塞拜疆	78	阿尔巴尼亚	89 000
48			**中国**	**35**		

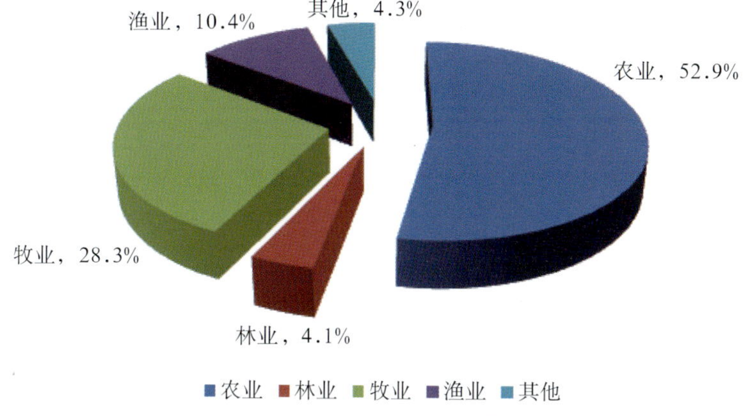

图1　2016年全国农林牧渔业产值比重

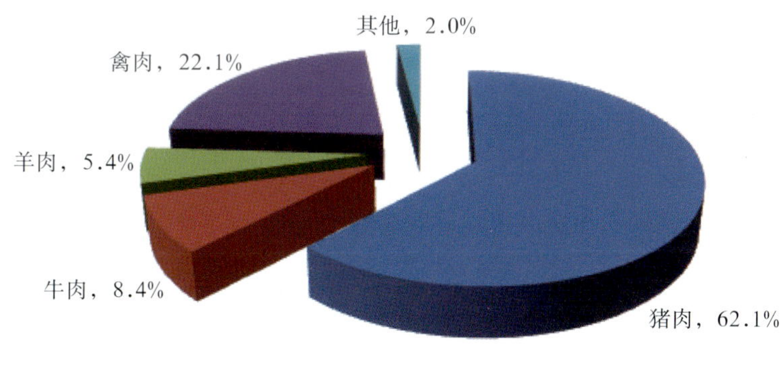

图2　2016年全国肉类产量构成

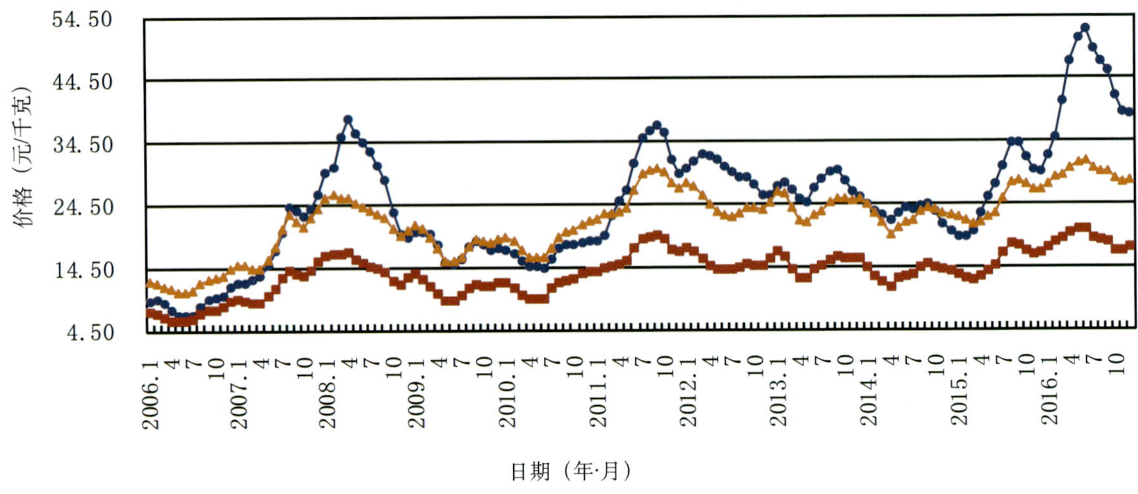

图3　2006—2016年生猪产品价格走势

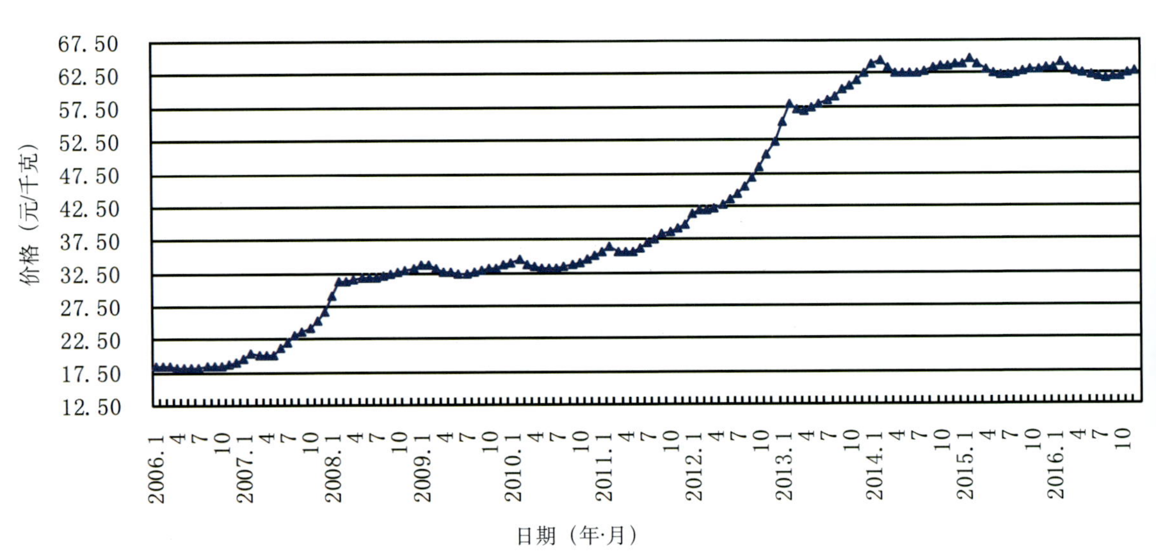

图4　2006—2016年牛肉价格走势

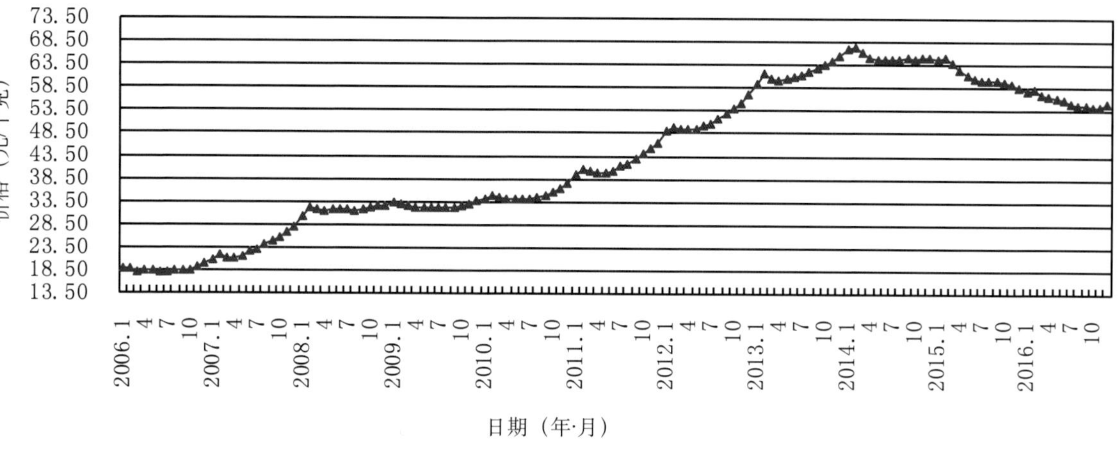

图5　2006—2016年羊肉价格走势

图6　2006—2016年鸡蛋价格走势

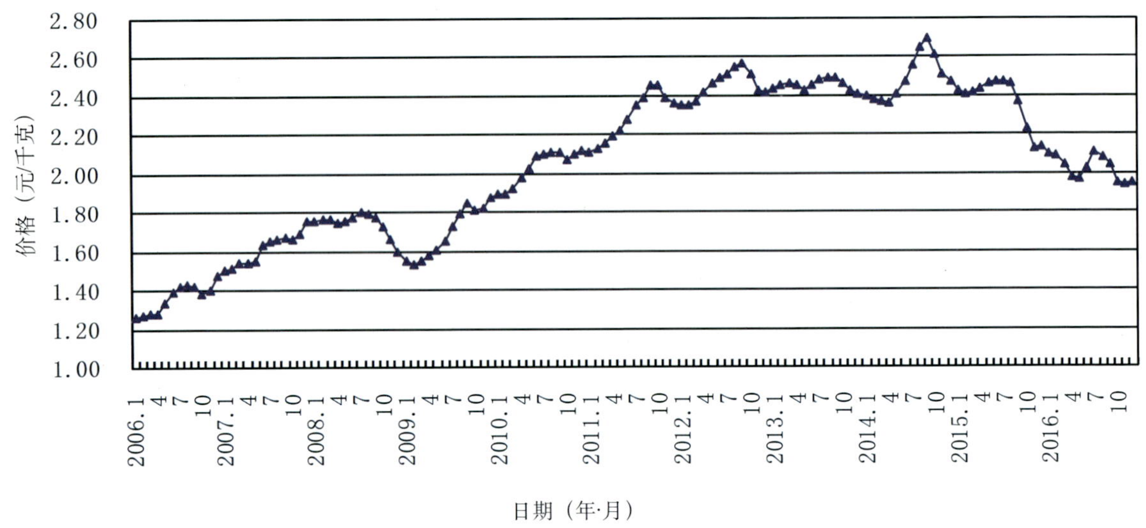

图7　2006—2016年玉米价格走势

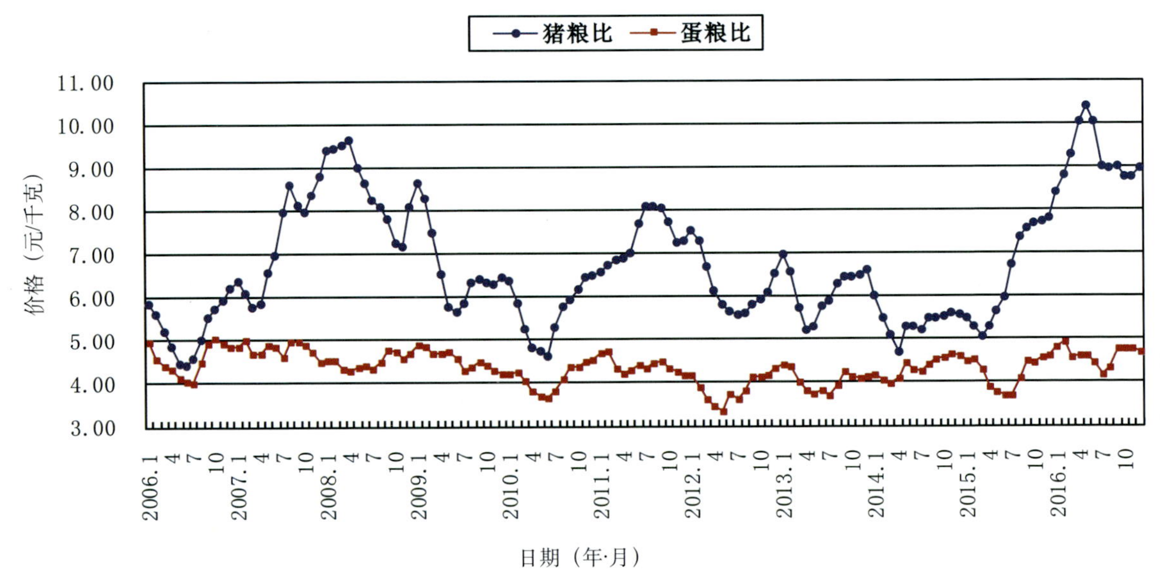

图8　2006—2016年猪粮比、蛋粮比走势